读·品·悟快乐阅读系列

◎丛书主编：向启新

亲情卷
幸福的第六根手指

◎本书主编：李光宏

花山文艺出版社

河北·石家庄

图书在版编目（ＣＩＰ）数据

幸福的第六根手指：亲情卷 / 向启新主编. -- 石家庄：花山文艺出版社，2004（2024.6 重印）
（"读品悟"快乐阅读系列）
ISBN 978-7-80673-552-7

Ⅰ．①幸… Ⅱ．①向… Ⅲ．①散文－作品集－中国－当代 Ⅳ．①I267

中国版本图书馆CIP数据核字(2004)第111959号

丛 书 名："读品悟"快乐阅读系列
丛书主编：向启新
书　　名：**幸福的第六根手指：亲情卷**
　　　　　XINGFU DE DILIU GEN SHOUZHI: QINQING JUAN

本书主编：李光宏

策　　划：张采鑫
责任编辑：于怀新
特约编辑：李文生
装帧设计：北京九洲鼎图书有限公司
美术编辑：王爱芹
出版发行：花山文艺出版社（邮政编码：050061）
　　　　　（河北省石家庄市友谊北大街330号）
销售热线：0311-88643299/96/17
印　　刷：三河市中晟雅豪印务有限公司
经　　销：新华书店
开　　本：710mm×1000mm　1/16
印　　张：10
字　　数：180千字
版　　次：2004年12月第1版
　　　　　2024年6月第5次印刷
书　　号：ISBN 978-7-80673-552-7
定　　价：49.80元

（版权所有　翻印必究·印装有误　负责调换）

亲　情　卷

学海点悟

　　亲情，古往今来历久不变。亲情是人们受惠最多、体验最深的一种感情，描写这种感情的作品可谓汗牛充栋。"臣无祖母，无以今日；祖母无臣，无以终余年。母、孙二人，更相为命，是以区区不能废远。"这是祖孙情。"慈母手中线，游子身上衣。临行密密缝，意恐迟迟归。谁言寸草心，报得三春晖。"这是母子情。"人有悲欢离合，月有阴晴圆缺，此事古难全。但愿人长久，千里共婵娟。"这是兄弟情。这种人间真情应时时在笔底流淌。

　　亲情卷包括"沐浴永恒的亲情""品味爱的真谛""期待父亲的笑""母爱的天空"几个主题，选文文质兼美，寓情于事，叙述含情，使人如身临其境，从情感上受到感染，给人启发和教育。

　　家庭，对她的每一个成员来说，都是温馨的港湾。在这里，有无私的爱；在这里，有真挚的情。家，使每一个人都能真切地体会到人间的温暖，它能激发每一个人的巨大潜能，去创造人生的辉煌。"沐浴永恒的亲情"向你叙述着家中父母与子女，祖父母与孙子孙女，丈夫与妻子，兄弟姐妹之间的浓浓情意。著名作家周国平先生向人们阐释家的真正内涵。朱自清先生的《儿女》，劳伦斯的《那件黄色的衬衫》用平实的笔调，质朴无华的语言，叙写着平凡的生活，但却抒发了人间最真挚的感情。特别是朱自清先生的《儿女》，把一个琐碎而温暖的家呈现给了人们。作者是著名作家、学者，但并不因为这些光环，遮住一个平凡父亲的本来面目，文中的孩子是那样调皮，活泼可爱，文中的父亲是那样的慈爱，对孩子的教育又是那样的严厉，读来令人感慨万千，特别是《平分生命》《两地书》读来令人震撼。哥哥愿与患病的妹妹将生命平分；哥哥与弟媳之间的相互欺骗却正是为了保护亲人，爱护亲人。

父母对子女的爱是世界上最无私的爱，而子女对父母的爱也同样深吗？"品味爱的真谛"中就刻画出一群孝顺柔情的儿女。《花店的传统》中患病的女儿为了让母亲在自己去世后摆脱哀伤，勇敢地生活下去，给母亲留下了一份最真情的祝福：母亲节为母亲送花。《回馈的爱》提醒我们，不要漠视老人的行为，老人常为子女舍弃、牺牲，子女也应重视、理解、关爱父母。在《孝心无价》中，作家观点鲜明，大胆泼辣地诉说"我"喜欢的，"我"不喜欢的，劝说天下的儿女趁父母健在之时，照顾父母，孝敬父母。

父亲，像山一样伟岸正直。父亲是家庭的支柱，没有他，家就要散架。父亲奉献的不仅是物质，还有更深的父爱。"期待父亲的笑"向你叙述着父亲的可敬、可爱，帮你解读我们的父亲。文中父亲的形象大致可分为两类，一类是慈父，一类是严父。慈父，勤劳、善良、幽默、和善，对儿女的成长给予无私的奉献和关爱，如乔黎明的《父亲》。严父也非常勤劳、善良，对儿女的成长给予无私的关爱，同时对儿女的陋习给予严厉的教育，使儿女养成良好的品质，让儿女受益终身，如《别样的父爱》。

母爱，是我们永恒的话题。自然界的一切都象征并表露着母性，太阳，是大地的母亲；大地，是树木花草的母亲。我们的母亲，不仅给予我们生命，而且让我们汲取了她们生命的精华。刘心武的《远去了，母亲放飞的手》中的母亲，对孩子的关怀从无微不至到放飞自己，赞扬自己的母亲。母亲孕育了我们纯洁的灵魂，培养了儿女们的高尚情操。

读完本卷，你会被文中浓浓的亲情所感染，你会更加理解、尊重自己的父亲、母亲。

目　录

一、沐浴永恒的亲情

作文链接

二、品味爱的真谛

作文链接

三、期待父亲的笑

作文链接

四、母爱的天空

作文链接

沐浴永恒的亲情

亲情卷

家，就是有个人

点着灯在等你

　　在寒潮乍起的清晨,他深深牵挂的,是北风尚未抵达的南国,却忘了匀一些给北风起处的故乡,和已经年过七旬的父亲。

　　一代又一代,我们放飞未来,爱是我们手中的长线,时时刻刻,我们记挂着长线那端的冷暖。却还有多少人记得,在我们的身后,也有一根爱的长线,也有一双持着长线的、越来越衰老的手?

快乐阅读
kuai le yue du

沐浴永恒的亲情

家 / ···周国平

家太平凡了，再温馨的家也充满琐碎的重复，所以家庭生活是难以入诗的。相反，羁旅却富有诗意。可是，偏偏在羁旅诗里，家成了一个中心意象。只有在"孤舟五更家万里"的情境中，我们才真切感受到家的可贵。

南方水乡，我在湖上荡舟。迎面驶来一只渔船，船上炊烟袅袅。当船靠近时，我闻到了饭菜的香味，听到了孩子的嬉笑。这时我恍然悟到，船就是渔民的家。

以船为家，不是太动荡了吗？可是，我亲眼看到渔民们安之若素，举止泰然，而船虽小，食住器具，一应俱全，也确实是个家。

于是我转念想，对于我们，家又何尝不是一只船？这是一只小小的船，却要载我们穿过多么漫长的岁月。岁月不会倒流，前面永远是陌生的水域，但因为乘在这只熟悉的船上，我们竟不感到陌生。四周时而风平浪静，时而波涛汹涌，但只要这只船是牢固的，一切都化为美丽的风景。人世命运莫测，但有了一个好家，有了命运与共的好伴侣，莫测的命运仿佛也不复可怕。

我心中闪过一句诗："家是一只船，在漂流中有了亲爱。"

望着湖面上缓缓而行的点点帆影，我暗暗祝福，愿每张风帆下都有一个温馨的家。

凡是经历过远洋航行的人都知道，一旦海平线上出现港口朦胧的影子，寂寞已久的心会跳得多么欢快。如果没有一片港湾在等待着拥抱我们，无边无际的大海岂不令我们绝望？在人生的航行中，我们需要冒险，也需要休憩，家就是供我们休憩的温暖的港湾。在我们的灵魂被大海神秘的涛声陶冶得过分严肃以后，家中琐屑的噪音也许正是上天安排来放松我们精神的人间乐曲。

不要说"赤条条来去无牵挂"。至少，我们来到这个世界，是有一个家让我们登上岸的。当我们离去时，我们也不愿意举目无亲，没有一个可以向之告别的亲人。倦鸟思巢，落叶归根，我们回到故乡故土，犹如回到从前靠岸的地方，从这里启程驶向永恒。我相信，如果灵魂不死，我们在天堂仍将怀念留在尘世的这个家。

与你共品
yu ni gong pin

　　本文作者用充满深情而又富有哲理的话语向人们揭示了家的真谛：在旅人心中，家是一个中心意象；对于我们，家仿佛是一只小船，载着我们穿过漫长的岁月；在人生的航行中，家是供我们休憩放松的港湾。总之，人人心中都有个温暖的家。

个性独悟
ge xing du wu

　　★通读全文，想一想，作者在文中把家比作什么？把故乡又比作了什么？

　　★文章字里行间充满了对家的深深的情意，也极富有哲理，请谈谈你对下面几句话的理解：

　　(1)四周时而风平浪静，时而波涛汹涌，但只要(家)这只船是牢固的，一切都化为美丽的风景。

　　(2)在人生的航行中，我们需要冒险，也需要休憩，家就是供我们休憩的温暖的港湾。

　　(3)在我们的灵魂被大海神秘的涛声陶冶得过分严肃以后，家中琐屑的噪音也许正是上天安排来放松我们精神的人间乐曲。

　　★学习文章的表现手法，写一段关于家的话。

平分生命／···崔浩

沐浴永恒的亲情

男孩与他的妹妹相依为命。父母早逝，她是他唯一的亲人。所以男孩爱妹妹胜过爱自己。

然而灾难再一次降临在这两个不幸的孩子身上。妹妹染上了重病，需要输血。但医院的血液太昂贵，男孩没有钱支付任何费用，尽管医院已免去了手术费。但不输血妹妹就会死去。

作为妹妹的唯一亲人，男孩的血型与妹妹相符。医生问男孩是否勇敢，是否有勇气承受抽血时的疼痛。男孩开始犹豫，10岁的他经过一番思考，终于点了点头。

抽血时，男孩安静得不发出一丝声响，只是向着邻床上的妹妹微笑。手术完毕，男孩声音颤抖地问："医生，我还能活多长时间？"

医生正想笑男孩的无知，但转念间又被男孩的勇敢震撼了：在男孩的大脑中，他认为输血会失去生命。但他仍然肯输血给妹妹，在那一瞬间，男孩所做出的决定是付出了一生的勇敢并下定了死亡的决心。

医生的手心渗出了汗，他紧握着男孩的手说："放心吧，你不会死的，输血不会丢掉生命。"

男孩眼中放出了光彩："真的？那我还能活多少年？"

医生微笑着，充满爱心地说："你能活到100岁，小伙子，你很健康！"男孩高兴得又蹦又跳。他确认自己真的没事时，就又挽起了胳膊——刚才被输血的胳膊，昂起头，郑重其事地对医生说："那就把我的血抽一半给妹妹吧，我们两个人每个人活50年！"

所有人都震惊了，这不是孩子无心的承诺，这是人类最无私纯真的诺言。

6

与你共品
yu ni gong pin

本文讲述了孤苦无依的兄妹,在妹妹患病的情况下,哥哥勇敢地为妹妹输血,并说出了震撼人心的心灵话语:愿与妹妹平分生命。本文构思新颖奇特,读来催人泪下。

个性独悟
ge xing du wu

★从全文看,"男孩爱妹妹胜过爱自己"主要表现在哪两件事上?请概括回答。

★第七段中画线句子运用了什么描写方法?"男孩"眼中为什么会"放出光彩"?

★文中的"男孩"具有怎样的品质?用自己的话回答。

★第三段中说,男孩"经过一番思考"。根据上下文,发挥合理想象,具体描写男孩的"一番思考"。(不超过100字)

快乐阅读
kuai le yue du

布 轮 / ··· 夏雪勤

姥姥托人写了信来,娘捏着半截皱巴巴的信纸,念得极认真。

姥姥快70岁了,一个人住在乡下。娘去接过几次,姥姥都没依。说城里的楼太高,待着头晕;城里的路太宽,走着心慌。还说城里的水有股味儿,城里的菜不如她地里割的好吃,把城里说得一无是处。其实,姥姥在乡下也好不到哪里去,两间矮房,七分田二分地,日出而作,日落而息,要多艰苦就多艰苦,却不肯接受娘给的钱。说城里花钱多,喝口水都得买,还是留着自己花更合适。硬靠自己的劳动养活自己,娘拗不过姥姥只得作罢。

信的内容不多,只是叫娘把家里不穿的旧衣服捎去,姥姥要做"布轮"赚钱。娘念完信,眉头锁得像个结,不一会儿,紧锁的眉心欣然舒展开来,忙起身找旧衣服去。

村里的人开始致富,这是早些年前就知道的事。他们跑运输、打家具、养鸡喂鸭、做小买卖,反正啥挣钱就做啥。如今又兴做布轮,据说是附近一家不锈钢器皿厂用来打毛抛光用的,生产上还少不了它呢。嘿,村人真会赚钱哩!

姥姥听说"布轮"能派大用场,且做起来简单,用的又是一些废旧的布料,对一向有物尽其用习惯的姥姥来说,可起了精神,何况一个布轮能卖一块钱。姥姥便从箱底柜角拽出一堆破旧的衣裤,试做起来。铺好五六层布片,依照借来的纸样剪出烙饼模样的坯子,然后一圈圈纳得密密匝匝。那双树根般粗糙的老手,在眯缝着的眼神下,<u>像一对恩爱的鸳鸯</u>,缓缓地游戏着。隔壁婶子把姥姥做的布轮带去收购站,一块钱一个,一分不少赚,可把姥姥乐坏了,家里能做布轮的旧衣一下就做完了。

娘翻箱倒柜,找出的旧衣裳装了鼓鼓两大袋,第二天便捎走了。

半月后,接到姥姥的信,说娘捎去的衣服做了42个布轮,42个就是42块钱,姥姥高兴得不得了,娘当然也格外开心,笑着的眼纹犹如犁田时的泥花开得极为灿烂。从娘眼里仿佛看得见姥姥的影子在晃动,眯着眼的姥姥正数着卖布轮的钱,一瘪一瘪的嘴巴笑得如没牙的婴儿,可亲可爱。

信念到末了,娘被难住了,娘没有更多能做布轮的旧衣服,又一次翻箱倒柜,勉强拣出两件捏在手里发愣。<u>娘把它们包好了又打开,打开了又包好,捎还是不捎呢?</u>

大约过了一个月,姥姥来信说这回捎去的旧衣服做的布轮比上回还多,赚了48块呢!两件衣服的布轮居然比两袋子衣服的布轮还多,岂不成怪事?

娘捏着皱巴巴的信,一句话没说,只是抿嘴淡淡地笑。那笑容既熟悉又陌生,似乎近在眼前,又觉无比遥远;那笑容依稀荡漾着欢欣与慰藉,又似乎带着些许失落和无奈。过了些日子,好像听说,这回捎的旧衣服是娘花60元钱买的……

娘用钱买旧衣服,姥姥拿娘买来的旧衣服做布轮换钱,如此往复,俨如姥姥纳在布轮上密密匝匝的针迹依次轮回。

不可思议的姥姥,不可思议的娘!

与你共品
yu ni gong pin

这世界还有人快乐地做赔本的事,真是不可思议。正是这不可思议的事却发生在"我"的母亲和姥姥之间,"布轮"传递着人间最美最真的情感:母女深情。

个性独悟
ge xing du wu

★这篇小说的叙事线索是什么?

★文中第五段画线的句子写出了姥姥双手的什么特点?与第八段画线的句子照应的一句话是什么?

★怎样理解文中"那笑容依稀荡漾着欢欣与慰藉,又似乎带着些许失落和无奈"?

★末句两个"不可思议"分别是什么意思?

儿女（节选）/··· 朱自清

沐浴永恒的亲情

　　我现在已是五个儿女的父亲了。想起圣陶喜欢用的"蜗牛背了壳"的比喻，便觉得不自在。新近一位亲戚嘲笑我说，"要剥层皮呢！"更有些悚然了。十年前刚结婚的时候，在胡适之先生的《藏晖室札记》里，见过一条，说世界上有许多伟大的人物是不结婚的；文中并引培根的话，"有妻子者，其命定矣。"当时确吃了一惊，仿佛梦醒一般；但是家里已是不由分说给娶了媳妇，又有什么可说？现在是一个媳妇，跟着来了五个孩子；两个肩头上，加上这么重一副担子，真不知怎样走才好。"命定"是不用说了；从孩子们那一面说，他们该怎样长大，也正是可以忧虑的事。我是个彻头彻尾自私的人，做丈夫已是勉强，做父亲更是不成。自然，"子孙崇拜"，"儿童本位"的哲理或伦理，我也有些知道；既做着父亲，闭了眼抹杀孩子们的权利，知道是不行的。可惜这只是理论，实际上我是仍旧按照古老的传统，在野蛮地对付着，和普通的父亲一样。近来差不多是中年的人了，才渐渐觉得自己的残酷：想着孩子们受过的体罚和叱责，始终不能辩解——像抚摩着旧创痕那样，我的心酸溜溜的。有一回，读了有岛武郎《与幼小者》的译文，对那种伟大的、真挚的态度，我竟流下泪来了。去年父亲来信，问起阿九，那时阿九还在白马湖呢；信上说，"我没有耽误你，你也不要耽误他才好。"我为这句话哭了一场。我为什么不像父亲的仁慈？我不该忘记，父亲怎样待我们来着！人兴许真是二元的，我是这样矛盾；我的心像钟摆似的来去。

　　你读过鲁迅先生的《幸福的家庭》吗？我的便是那一类的"幸福的家庭"！每天午饭和晚饭，就如两次潮水一般。先是孩子们你来他去地在厨房与饭间里查看，一面催我或妻发"开饭"的命令。急促繁碎的脚步，夹着笑和嚷，一阵阵袭来，直到命令发出为止。他们一个一个地跑着喊着，将命令传给厨房里用人；便立刻抢着回来搬凳子。于是这个说："我坐这儿！"那个说："大哥不让我！"大哥却说："小妹打我！"我给他们调解，说好话。但是他们有时候很固执，我有时候也不耐烦，这便用着叱责了；叱责还不行，不由自主地，我的沉重的手掌便到他们身上了。于是哭的哭，坐的坐，局面才算定了。接着可又你要大碗，他要小碗，你说红筷子好,他说黑筷子好;这个要干饭,那个要稀饭,要茶要汤,要鱼要肉,要豆腐,要萝卜;你说他菜多,他说你菜好。妻是照例安慰着他们,但这显然是太迁缓了。我是个暴躁的人,怎么等得及?不用说,用老法子将他们立刻征服了;虽然有哭的,不久也就抹着泪捧起碗了。吃完了,纷纷爬下凳子,桌上是饭粒呀,汤汁呀,骨头呀,渣滓呀,加上纵横的筷子,欹斜的匙子,就如一块花花绿绿的地图模型。吃饭而外,他们的大事便是游戏。游戏时,大的有大主意,小的有小主意,各自坚持不下,于是争执起来;或者大的欺负了小的,或者小的竟欺负了大的,被欺负的哭着嚷着,到我或妻的面前诉苦;我大抵仍旧要用老法子来判断的,但不理的时候也有。最为难的,是争夺玩具的时候:这一个的与那一个的是同样的东西,却偏要那一个的;而那一个便偏不答应。在这种情形之下,无论如何,终于是非哭了不可的。这些事件自然不至于天天全有,但大致总有好些起。我若坐在家里看书或写什么东西,管保一点钟里要分几回心,或站起来一两次的。若是雨天或礼拜日,孩子们在家的多,那么,摊开书竟看不下一行,提起笔也写不出一个字的事,也有过的。我常和妻说:"我们家真是成日的千军万马呀!"有时是不但"成日",连夜里也有兵马在行进着,在有吃乳或生病的孩子的时候!

我结婚那一年,才19岁。21岁,有了阿九;23岁,又有了阿菜。那时我正像一匹野马,哪能容忍这些累赘的鞍鞯,辔头,和缰绳?摆脱也知是不行的,但不自觉地时时在摆脱着。……妻是一年来老放不下这两个,常常独自暗中流泪:但我有什么法子呢!想到"只为家贫成聚散"一句无名的诗,不禁有些凄然。转儿与我较生疏些。但去年离开白马湖时,她也曾用了生硬的扬州话(那时她还没有到过扬州呢),和那特别尖的小嗓子向着我嚷:"我要到北京去。"她晓得什么北京,只跟着大孩子们说罢了;但当时听着、现在想着的我,却真是抱歉呢。这兄妹俩离开我,原是常事,离开母亲,虽也有过一回,这回可是太长了;小小的心儿,知道是怎样忍耐那寂寞来着!

我的朋友大概都是爱孩子的。少谷有一回写信责备我,说儿女的吵闹,也是很有趣的,何至可厌到如我所说;他说他真不解。子恺为他家华瞻写的文章,真是"蔼然仁者之言"。圣陶也常常为孩子操心:小学毕业了,到什么中学好呢?——这样的话,他和我说过两三回了。我对他们只有惭愧!可是近来我也渐渐觉得自己的责任。我想,第一该将孩子们团聚起来,其次便该给他们些力量。我亲眼见过一个爱儿女的人,因为不曾好好地教育他们,便将他们荒废了。他并不是溺爱,只是没有耐心去料理他们,他们便不能成材了。我想我若照现在这样下去,孩子们也便危险了。我得计划着,让他们渐渐知道怎样去做人才行。但是要不要他们像我自己呢?这一层,我在白马湖教初中学生时,也曾从师生的立场上问过丏尊,他毫不踌躇地说:"自然啰。"近来与平伯谈起教子,他却答得妙:"总不希望比自己坏啰。"是的,只要不"比自己坏"就行,"像"不"像"倒是不在乎的。职业、人生观等,还是由他们自己去定的好;自己顶可贵,只要指导、帮助他们去发展自己,便是极贤明的办法。

予同说:"我们得让子女在大学毕了业,才算尽了责任。"SK 说:"不然,要看我们的经济,他们的材质与志愿;若是中学毕了业,不能或不愿升学,便去做别的事,譬如做工人吧,那也并非不行的。" 自然,人的好坏与成功,也不尽靠学校教育;说是非大学毕业不可,也许只是我们的偏见。在这件事上,我现在也不能有一定的主意;特别是这个变动不居的时代,知道将来怎样? 好在孩子们还小,将来的事且等将来吧。目前所能做的,只是培养他们基本的力量——胸襟与眼光。孩子们还是孩子们,自然说不上高的远的,慢慢从近处小处下手便了。这自然也只能先按照我自己的样子;"神而明之,存乎其人。"光辉也罢,倒霉也罢,平凡也罢,让他们各尽各的力去。我只希望如我所想的,从此好好地做一回父亲,便自称心满意……

1928 年 6 月 24 日晚写毕,北京清华园。

与你共品
yu ni gong pin

朱自清(1898~1948)原名自华,字佩弦,号实秋。一生经历了作家、学者、民主战士三个阶段。《儿女》是完全不同于《背影》和《荷塘月色》的一篇散文,作者去掉了身上的一切光环,以一个父亲,一个平常的父亲,一个非常热爱自己孩子的平常父亲,来写他的这些可爱、调皮的儿女们,文中尽管有"不耐烦""叱责""沉重的手掌",但一种别样的爱还是充满全文的。文中写的尽是儿女们的琐事,但读来饶有情趣,是一篇如何做好父亲、培养好孩子的文章的典范。

幸福的第六根手指

个性独悟
ge xing du wu

★作者说自己是个"彻头彻尾自私的人","自私"表现在什么地方？（用文中原话回答）结合朱自清的生平，你是怎样评价这种"自私"的？作者对"自私"又是怎样看待的？

★怎样理解父亲信中所说"我没有耽误你，你也不要耽误他才好"？从《背影》中你是怎样认识父亲"没有耽误你"的？是什么原因使"我为这句话哭了一场"？

★用简要的语言概括朱自清的"幸福的家庭"，这种"幸福的家庭"对一家之主的朱先生有什么影响？

★作者举"我亲眼见过一个爱儿女的人"的例子，说明他已经意识到了为父的责任，如果用六个字概括，这六个字是什么？作者要"好好地做一回父亲"，他要着重培养孩子哪些方面？

快乐阅读
kuai le yue du

半份儿礼物 / · · · [美] 罗伯特·巴里

那一年我 10 岁，我哥哥尼克 12 岁。在我们俩想来，这一年的母亲节，完全是个让我们激动不已的日子——我们要各自送给母亲一份儿礼物。

这是我们送给她的头一份儿礼物。我们是穷人家的孩子，要买这样一份儿礼物，可就非同寻常了。好的是我和尼克都很走运，出去帮人打杂儿都挣了一点儿外快。

我和尼克想着这件会让母亲感到出乎意料的事，越想心里越激动。我们把这事对父亲说了。他听了得意地抚摩着我们的头。

"这可是个好主意，"他说，"它会让你们的母亲高兴得合不上嘴的。"

从他的语气里,我们听得出他在想着什么。在他们一起生活中,父亲能够给予母亲的东西真是太少了。母亲一天到晚操劳不停:既要做饭,又要照料我们,还要在浴缸里洗我们全家人的衣服,而且对干这一切活儿都毫无怨言。她很少笑。不过,她要笑起来,那可就是不负我们盼望的赏心乐事。

"你们打算给她送什么礼物?"父亲问。

"我们俩将各送各的礼物。"我答道。

"请您把这件事告诉给母亲,"尼克对父亲说,"这样她就可以乐呵呵地想着它了。"

父亲说:"这样一个了不起的想法,竟出自你这么个小脑袋瓜儿里,你可真聪明! "

尼克高兴得面泛红光。随着,他把一只手放在我的肩头,说:"鲍勃也是这么想的。"

"不,"我说,"我没有这么想过。不过,我的礼物会弥补这个不足的。"

此后的几天里,我们和母亲都在满心高兴地玩着这个神秘的游戏。母亲干活儿时满面春风,一点一点地把地板上的脏水擦去。这是她最讨厌干的活儿。这时,尼克拿着他的礼物返回来了。母亲一看到他的礼物,顿时脸色煞白。尼克的礼物是一只带有绞干器的新清洗桶和一个新拖把!

"一只清洗桶,"她说着,伤心得几乎语不成句。"母亲节的礼物,竟然是一只……一只清洗桶……"

尼克的眼睛里涌出了泪花。他默然无语地拿上清洗桶和拖把便向着楼下走去。

我把梳子装进我的衣袋,也跟着他跑了过去。他在哭着。我也哭了。

我们在楼梯上碰到了父亲。因为尼克哭得说不出话来,我便向父亲说明了事情的原委。

"我要把这些东西拿回去。"尼克抽抽噎噎地说。

"不,"父亲说着,接过了他手里的清洗桶和拖把,"这是一份儿很了不起的礼物。我自己应该想到它才对哩。"

我们又上到楼上。母亲还在厨房里擦洗着地板。

父亲二话没说,用拖把吸干了地上的一摊水;然后又用清洗桶上附带的脚踏绞干器,轻快地把拖把绞干。

"你没让尼克把他要说的话说出来,"他对母亲说,"尼克这份儿礼物的另一半儿,是从今天起由他来擦洗地板。是这样吗,尼克?"

尼克明白了其中的道理,羞愧得满面通红。"是的,啊,是的。"他声调不高但却热切地说。

母亲体恤地说:"让孩子干这么重的活儿是会累坏他的。"

到了这个时候,我才看出父亲有多么聪明。"啊,"他说,"用这种巧妙的绞干器和清洗桶干活儿便不会怎么重,肯定干起来要比原先轻松得多。这样你的手就可以保持干净,你的膝盖也不会被磨破了。"父亲说着,又敏捷地示范了一下那绞干器的用法。母亲伤感地望着尼克说:"唉,女人可真蠢啊!"她吻着尼克。尼克这才感到好受了一些。

接着,父亲问我:"你的礼物是什么呢?"

尼克望着我,脸色全白了。我摸着衣袋里的梳子,心里想,若把它拿出来,它会像尼克的清洗桶一样,仅仅只是一只清洗桶。就是说得再好,我的梳子也只不过是镶了几块像钻石一样闪亮的石子儿罢了。

"一半儿清洗桶。"我悲苦地说。尼克以同情的目光望着我。

与你共品
yu ni gong pin

礼物的真正价值是什么,本文清楚、明白地告诉我们:一半是物,一半是至真至纯的情。

个性独悟
ge xing du wu

★为什么一家人为母亲节的礼物而激动?母亲见到尼克送的礼物是什么表情?她为什么会有这种表情?

★文章说"从他的语气里,我们听得出他在想着什么",那么父亲想着什么呢?

★"尼克明白了其中的道理,羞愧得满面通红。"尼克明白了什么道理?他为什么羞愧?"我"准备送的礼物是什么?为什么说"它会像尼克的清洗桶一样,仅仅只是一只清洗桶"?

★最后一段你是如何理解的?

快乐阅读
kuai le yue du

那件黄色的衬衫 / ··· [美] 劳伦斯

那件黄衬衫宽松肥大,袖子特别长,四个奇大的绣着黑线的口袋挂在胸前。它已穿了多年,褪色许多,但款式还是相当好看的。

1963年圣诞节放假期间我从学院回到家,在妈妈将要丢弃的一包衣服里翻找出这件黄色的衬衫。

"这件旧衣衫不适合你穿,懂吗?"当妈妈看着我折叠那件黄衬衫时说,"那是1954年我怀你弟弟时穿的孕妇衫。"

"妈妈,我上美术课套穿上这宽松的衬衫正合用,太谢谢你了。"我说着就把它塞进我的旅行包里,妈妈只是笑着没说什么。

那件黄衬衫马上就成为我宿舍衣橱里的新成员,我特别喜爱它。大学毕业后,我穿着它搬到一个新居。第二天清晨,我便把它洗刷干净晾在阳台上,新的生活开始了,在它身上我仿佛又注进一份新的情愫。

过了一年,我结婚了。当我怀孕时便天天穿着这件黄衬衫,想象着妈妈当初身穿黄衬衫挺着大肚子为我们家庭孕育一个新生命的情景,我心中便涌动着一份深深的思念。因为此时我和丈夫住在科罗拉多州,与生活在伊利诺伊州的母亲、兄弟姐妹们相隔甚远。我想家时,便不停地抚摸衬衫的领口、衣角。我想,此时我要做母亲的新鲜感觉与15年前母亲怀我弟弟的感觉应该是一样的,我们母女俩都穿着同一件衬衫呵护着未来的小生命,我们都憧憬着当一个好妈妈,养育一个好儿女。这感觉真的非同一般呀。

在圣诞节的晚上,已经成为妈妈的我,怀着对家人的切切想念,我缝补着黄衬衫上一个磨损的肘部，然后把它洗得干干净净，熨帖得整整齐齐，装在圣诞节日礼品袋中寄给我魂牵梦绕的母亲。

几年过去了，一天我和丈夫、女儿一起到母亲家搬运新家具。回来后，当我拆卸厨房餐桌时，一眼瞥见抽屉底部有一包黄色的东西。"黄衬衫！"我惊喜地叫道。几年了，岁月已在它的上面留下了痕迹，金黄色的周身新添了几点核桃色的色斑，平添了几分特别的情趣。

1975 年，我与丈夫离了婚，带着三个孩子的我准备移居伊利诺伊州。我失望极了，我不知是否能养活自己，能否找到一份工作。万般无奈的我只好翻阅《圣经》以求解脱。我随手翻开一页念道：用上帝给我的每一片盔甲去战胜无论何时向你攻击的敌人，这样一切都会好起来的，你一定会站得挺直的。

我尽力勾勒着一副身着上帝盔甲的英姿，然而我看到的还是那件沾上几个核桃色斑点的黄衬衫。当黎明的金色晨光映红了我的窗口时，我猛然发现母亲的爱就是那战无不胜的上帝盔甲。

我从衣橱里拿出了那件珍贵的黄衬衫，突然发现它衣襟上似乎加了点什么东西，我仔细一看原来是绣上了一行绿色明亮的字体：我属于帕特里夏。

看着这些熟悉亲切的字体，泪水不由得盈满了我的眼眶。于是，我马上拿来针线接着补绣上七个字母变成：我属于帕特里夏的妈妈。这短短的话语浸透着我对母亲的崇高敬意与爱戴，母亲和我共同拥有这件黄衬衫。

噙着泪花，我当即拆开衬衫上所有破损的线口，并将它们修补好而焕然一新。而后叫一个朋友帮我用一个富有想象力的精美的邮包装上那件黄衬衫，寄往母亲的家。接着我又写了一封信装上公文信封寄给我妈妈，信上郑重宣布道：这份礼物是对一个品德优秀的慈善妇女的奖赏。

1978 年，我又一次做了新娘。婚礼那天我和夫婿哈罗德把车停在一个朋友的车库里，以躲开熟人的取笑。从教堂出来后，哈罗德驱车载着我直奔蜜月胜地。当我倚靠在车座上一个枕头时觉得特别松软。打开枕头一看，里面装着一个纸包，我做梦都没想到里面藏着那件黄衬衫，口袋里夹着一张纸条，上面写道："读一读《旧约全书》第十四章第 27~29 页，我爱你俩。妈妈。"

那天晚上，我在旅馆的房间里遵照妈妈的旨意，打开《旧约全书》吟诵起那些精美的语句：我给你留下一份礼物，那是心灵的祥和与宁静。我给你的祥和与宁静是那样的恬适与温馨，而不像凡世给我的那般艰涩而清苦。在书页的下方，我又看到了一行熟悉的笔迹："别再烦恼与忧虑，牢记我告诉给你的一切。我要走了，不过我会再回来的。如果你真的爱我，你将从我这里获得幸福，因为我的爱来自上帝。"

　　这件黄衬衫是母亲给我的最后礼物，当时我不知道，她已身患绝症。没过多长时间，母亲便离开了我，那年她才 57 岁。

　　噩耗传来，我悲痛欲绝。那一瞬间我曾想当即将黄衬衫掩埋进母亲的墓地，让它与她永存，以陪伴她孤寂的幽灵。但我最终把它留下来了。因为每当我看到它时，就会想起母亲的音容笑貌，那件黄衬衫凝结着我们母女间的情爱，它是我们母女俩永恒的爱的信物，它永远是那样的鲜活、那般的清新。

　　现在，我的大女儿也考上了美术学院，临行的那一天，我默默地将那件黄衬衫放进了她的行李箱中。她同样需要一件宽松的绘画工作服，我的母亲她的外婆的黄衬衫一如奥运圣火接力般地传递下去，把爱的种子一代一代地撒播在帕特里夏家族的田园里。

 与你共品
yu ni gong pin

　　一件普通的衣服，两代人怀孕穿过，三代人幸福地传递，使这件极为普通的衣服变得不那么普通起来，而孕育在这件衣服上的爱有多少谁能说得清，爱有多重谁又能称得出？"我"和母亲怀孕时都曾穿过这件衣服，这时的"我"就对此时的衣服、母亲有了多一层的了解，深一层的爱。这件衣服共转手六次，在爱的主题下每次转手又有着新的不同的爱的音符。母亲的逝世，这件衬衫的传递并没有就此停歇，颇有内涵地将它送给跨出家门的女儿，这个爱的故事还远远没有结束，附着在黄衬衫身上的爱将越来越多越重。

个性独悟
ge xing du wu

★第五段中"我特别喜爱它"的原因是什么？怎样理解"在它身上我仿佛又注进一份新的情愫"？第六段中为什么会"心中便涌动着一份深深的思念"？这种"思念"的缘起是什么？"想家时"为什么要"不停地抚摸衬衫的领口、衣角"？第七段中"怀着对家人的切切想念"与"已成为妈妈的我"有什么必然联系？

★第十二段中"看着这些熟悉亲切的字体"，为什么会"泪水不由得盈满了我的眼眶"？"母亲和我共同拥有这件黄衬衫"有什么特别的含义？

★这件极为普通的旧黄衬衫有着怎样的不普通之处？（用文中原话回答）把衬衫又给了考上美术学院的女儿的考虑是什么？（用文中原话回答）

★一件黄衬衫被邮来寄去，请写出这几次邮来寄去的过程，每一次邮寄寄寓着亲人怎样的情感？

快乐阅读
kuai le yue du

带上三句话上路／···佚 名

你将要远行，孩子，将有一生的岁月等你去走，我送你三句话带在身边。

快乐是一种美德

要保持快乐，孩子，这是我们穷人最后的奢侈。不要轻易丢掉快乐的习惯，否则我们将更加一无所有。

你要快乐,在每一个清晨或傍晚。你要学会倾听万物的语言,你要试着与你身边的河流、山川、大地交谈。在你经过的每一个村庄,你要留下你的笑声作为纪念。这样当多年以后人们再谈起你时,他们会记得曾有一个多么快乐的小伙子从这里经过。

快乐是一种美德,无论你背着多少行李,你也不要把它扔到路边的沟里。即使你的鞋子掉了,脚上磨出了血,你也要紧紧地攥着快乐,不和它离开半天。

快乐是一种美德,孩子,这是因为快乐能够传染。你要把你的快乐传染给你身边的每个人,无论他是劳累的农夫还是生病的旅人,无论他是赤脚的孩子还是为米发愁的母亲,你都要把快乐传染给他们,让他们像鲜花一样绽开笑脸。

孩子,在你经过的每个村庄人们都像亲人一样待你,他们给你甘甜的泉水,给你的行囊里塞满干粮,你就给他们快乐,记住快乐是一种美德,它能让你在人们的心中活上好多年。

不为一朵花停留太久

在你的旅途上,孩子,会有许多你没有见过的鲜花开在路边。它们守在溪流的旁边,在风中唱歌跳舞。

不要忽略它们,孩子,我们的眼睛永远不要忽略掉美。你要欣赏它们的身姿和歌声,你要因为它们而感到生活的美好。不管你的旅途多么遥远,不管你的道路如何艰险,你都要和鲜花交谈,哪怕只用你喝点水、洗把脸的时间。

不要看不见满径的鲜花。但我要告诉你,当你沉浸在花香中的时候,不要忘记赶路,不要为一朵花停留太久的时间。

你只是一个路过的人,孩子,你要去的地方是前方,你的旅途依旧漫长。你的鞋子依然完整,你的双眼依然有神,你属于远方,而不是这里。

不为一朵花停留太久。相信这条路的前头还有千朵万朵花在等你。你要知道自己究竟要去哪里,在你没到之前,孩子,不要为一朵花停住脚步。

你去的地方是远方,孩子,你要知道,那是很远、很远的地方。

为帮过自己的人准备一份礼物

你会在某一天踩着满地阳光到达。孩子,只要你的身体里流着奔腾的热血,只要你举着火把吓退野兽,你就早晚会抵达那个你想要去的地方。那是远方,那是幸福之乡。

　　就在你打点行装,准备返回的时候,我要对你说,孩子,别忘了为那些帮过自己的人准备一份礼物。

　　你要记得在你的旅途上你喝过别人给你舀来的泉水,你吃过别人送上的食物,你听过一位姑娘的歌声,你向一个孩子问过路,你在一间猎人的小屋中度过一个漫漫黑夜。要记住他们,孩子,你要记住这些人的声音、容颜。在你返回的前一天晚上,你要为他们准备好礼物。

　　你要把几块丝绸、几块好的石头细心包好。你要给姑娘准备好鲜花,你要给老人准备好烟丝,你要想着那些调皮的孩子,他们的礼物最好找也最难找。

　　这些就足够了。再带上你在路上看过的风景、听过的故事,再带上你的经历和感触,在燃着火的炉边,讲给他们听。

　　告诉缺水的人们前头哪里有水,告诉生病的人们哪种草药可以治病,把你这一路的经验告诉他们,把前方哪里有弯路告诉他们。

　　这些是最好的礼物。

　　不要忘了给帮过自己的人准备一份礼物,孩子,只有这样你的这次远行才算没有白走。

与你共品
yu ni gong pin

　　孩子长大成人,就会离开父母、师长去独自闯天下,这多少会让尊长们牵挂、担心。文中送孩子的三句话多么令人回味:快乐是一种美德;不为一朵花停留太久;为帮过自己的人准备一份礼物。

沐浴永恒的亲情

个性独悟
ge xing du wu

★文中第二段写"不要轻易丢掉快乐的习惯",怎样养成快乐的习惯呢?(用原文语句回答)

★"快乐是一种美德",对此,你有何评价?

★怎样理解"不为一朵花停留太久"的含义?

★"赠人玫瑰,手有余香"最好的礼物的深刻内涵是什么?

★结尾一段给你深刻的启示是什么?

快乐阅读
kuai le yue du

愧 疚 /···丁 宁

小时候,一个教私塾的老头儿,常指点我学点儿古诗文。这老头对我极少有笑容,要求极严。他每教我一篇,必得要我也学着他那音调背下来。我自是不愿,但违抗不了我母亲。她是一个没有受过教育的家庭妇女,可就是崇拜读书识字,对那些信奉孔孟的老夫子们,更是五体投地。千叮咛、万嘱咐要那老头儿教我熟读诗书。

老头儿除教我背唐诗,还教一点儿古文。先秦的历史散文,诸子散文,及以后历代的名家之作,都教我一点儿。我大半不懂,也不想懂。可是,渐渐对一些抒情的文章,感到了兴味儿。我背陶潜的《归去来兮辞》、王勃的《滕王阁序》、向子期的《思旧赋》,也模仿着老头儿,拖腔拉调,抑扬顿挫。

夏夜,我和母亲坐在小院里乘凉。"牛郎织女快团圆了。"母亲看着天空的星星,总不厌其烦地讲着我已听过十几遍的故事。母亲讲完故事,照例说:"该背书了,我不说你是不背的。"于是我便打着哈欠,无精打采地背诵。至今,我还觉得奇怪,我背那些古文,母亲听不懂,却总是爱听。等我打起精神,背得带点儿感情的时候,她那摇动的芭蕉扇,也仿佛有节奏地打着拍子,连那猫咪咪也伴和着，温柔地咕噜咕噜念着经。

"春草碧色，春水渌波。送君南浦，伤如之何……"有一次，我背江淹的《别赋》，母亲忽然打断我说："'春草''春水'和'渌波'，我听得懂了。"接着问我文章里说的是什么，我对她讲了。不想，这一讲她伤心起来，深深地叹了口气说："这文章也做到别人心里了。亲近的人出远门，谁不难受！就说我和你爹，早先，他到高丽国去，家中只留下我一人。你爹每次来家，只过个年，一开春就上路。他前脚走，我后脚端着洗衣盆追，一直追到春草刚发芽的东河边，看着他过大桥，那桥下面哗哗流的水，不就是'春水'和'渌波'吗？唉，男子汉到底心硬，就像那大桥下的水，连头也不回。我可忍不住，眼泪就像断了线的珠子，直往河里滚。哪一年不是如此呢？"

还有一次，我读韩愈的《祭十二郎文》，读着读着，流下眼泪，被母亲瞧见了，一定问我读的什么那样伤心。我对她说了文章的意思，结果又引起她的伤感。她说，这文章使她想起了早年死去的舅舅。母亲说："看人家一个做叔叔的，还把侄儿写在文章里，叫千百人都哭，可是你那舅舅，你姥姥去世了，只有我在心里记着他，要是我死了，还有谁知道世上有那么个人呢！"从此，每每风晨雨夕，我读那"千古绝调"，眼前总浮动着母亲的眼泪。

小学将毕业，在城市读书的邻家哥哥和我的友伴，给我寄来新书，一本一本，从书的样式到书的内容，全是新的，我简直高兴得发狂。深夜，一盏小油灯放在窗台上，玻璃瓶里的油，慢慢减少，灯芯儿也结成一株黑花，母亲在隔壁房间迷迷糊糊地呵斥："天什么时候了，还熬油啊！你爹的血汗能供得起吗？"

一个秋夜，我和母亲又坐在小院里。"为什么好久不背书了？"母亲问我。我告诉她，我现在读的是新书，不用背。她似乎很诧异，问我手中拿的什么书。我说，是一个叫朱自清的人写的。母亲要我念一段给她听，我只好照办。在蟋蟀的催促下，我们进了房间，坐在温暖的炕上，母亲高兴地点上小油灯，我便逐字逐句地朗读《背影》。还没念完一段，母亲便欣喜地说："这书好懂。"当我念到那位父亲为远去的儿子买橘子，蹒跚地穿过铁道，又爬上月台，儿子瞧他的背影流眼泪的时候，我母亲竟也哭了。过一会儿，她说："这书写得太真切了，就像你爹去高丽国。每次我看着他跨过东河大桥，他只留给我一个背影，我这一辈子看了他多少背影！可现在，一连三年没见他的背影了！"

那时，我爹在朝鲜手头拮据，为了把路费节省下来，给家多捎几个钱，已经三年不回家了。母亲的眼泪，使我也想起爹的背影：一个中等个儿，头戴灰色毡帽，身穿深灰色的粗布夹袍，上罩着线呢马褂，肩上背着一个土色帆布旧钱褡子。出了家门,脚步蹒跚,只见褡子的一头在他背上鼓鼓囊囊,那里面装着煮熟的鸡蛋、甜饼,还有母亲亲手给他做的纳底鞋。

爹的这个背影,长久不变,直到接近60岁的时候,我仍然追着他过大桥,不过那时,那背影已经不是那么直挺和硬朗,脚步也蹒跚起来了。唉,那是多么悲凉的背影!当我懂得一点儿人生以后,我常想,有谁能够把我爹的背影写出来啊!

没有料到,后来我自己踏上了文学工作之路。自然,我常常想到我爹的背影,他已经去世了,我却一直没有找到一支顺手的笔。于是我自怨自艾,觉得对不起我爹,他用血汗养育了我,可我报答了他什么?我更对不起从很早就对我抱着期望的可怜的母亲啊!

再以后,在革命的路上,越来越远,爹的背影似乎变得模糊了。而代之的是许许多多新的壮丽的背影,有昂首阔步、奔向战场的背影,有视死如归、牺牲在敌人枪弹下的背影,还有成千上万劳动人民的瘦弱弯曲的背影,健壮高大的背影……我自问:为什么不去歌颂他们、表现他们呢?

然而一直到现在,我竟没有描好我心中的"背影"!

与你共品

这是一篇由读书引发出的我和母亲读书的故事,文章散发着淡淡的书香气和浓浓离别意。文中的一切情节皆围绕读书展开、发展,绝无旁逸斜出。母亲对我的望子成龙之心洒满全篇,母亲生活的重负在文中隐约可见,而二者的交叉,更体现了母亲的伟大与艰难。行文按时间顺序,又由三个读书片段(读《别赋》《祭十二郎文》《背影》)的联想揭示母亲的精神世界、生活现状,使情节顺理成章地自然过渡,每段全无突兀的感觉。文章写得真情四溢,全无雕饰、矫情;母亲的语言生动,极合人物身份,母亲善于联想,三处联想极为贴切,且极为感人,这也是三部精彩的作品勾起了母亲长期萦绕于心中的强烈思念,这是文章的神来之笔,也是文章的真情所在,高潮所在。使一个独撑家庭,抚育儿子,思念丈夫的母亲形象呼之欲出。文题取之为"愧疚",由母亲对父亲的思念过渡到我对父亲的思念,直到父亲去世的怀念,

沐浴永恒的亲情

由对父亲的愧疚，到对母亲的愧疚，进而升华为对革命先烈和广大人民的愧疚。

个性独悟
ge xing du wu

★从"我大字不懂，也不想懂"到"渐渐对一些抒情的文章，感到了兴味儿"这说明了什么？怎样理解我背书时"母亲听不懂，却总是爱听"？

★母亲虽然"是一个没有受过教育的家庭妇女"，可她对《别赋》《祭十二郎文》《背影》却有着特殊的理解，这种理解给我们的启迪是什么？读《祭十二郎文》引起了母亲极大的感伤，"从此，每每风晨雨夕，我读那'千古绝调'，眼前总浮动着母亲的眼泪"，此时"我""联想"的应该是什么？

★为什么说爹的背影是"多么悲凉的背影"？"当我懂得一点人生"中的"人生"指的是什么？怎样理解"我却一直没有找到一支顺手的笔""来写爹的背影"？文中哪些文字表现了母亲"很早就对我抱着期望"？为什么说母亲是"可怜的母亲"？

★由父亲的背影被"许许多多新的壮丽的背影"所替代，进而升华要"歌颂""表现"他们，这种句式、境界与我们学过的哪文哪句近似？文题为《愧疚》，"我""愧疚"的是什么？

女儿的嫁妆/···韩石山

　　女儿15岁,初中学生,半憨不精,已初识嫁娶之事。我们父女的关系,平日又那么马马虎虎,套一句文雅的话,可说是介于师友之间,常开些当开不当开的玩笑,每天她放了学,我放下笔,有妻子做饭,父女俩便在客厅里说笑嬉闹。客厅紧傍着厨房,也是对正在"火线"上的妻子的慰劳。儿子在外地上学,这是我们一家三口每天最热闹的时辰。

　　这天我对女儿说,爸爸笔耕大半生,已垂垂老矣,等你兄妹俩成家时,怕无充裕的钱物应付。不过我有数千册书,还有些家用电器,到时候可全给你们,两相比较,家电比书值钱,你们是要家电还是要书?

　　这玩笑以前就开过,记得那时她说要书,我想引诱她说要家电,冰箱、彩电、录像机这些,对一个女孩子来说总该有些吸引力的,然后再好好奚落她一顿。她似乎看出了我的鬼把戏,眼珠一转,说道:

　　"我都不要。"

　　"那你要什么呢?"

　　"我要你。"

　　"一个老爸爸,你不嫌弃,你那口子还嫌弃哩。"

　　"那可不会。"女儿说,"到了我家,我把你锁在一间房子里,让你写文章,稿费全都是我的。有了你,不是啥都有了?"

　　哈哈哈,我笑得快岔了气。

　　"就樱儿能想出这号鬼点子!"妻在厨房听了,佯作嗔怪地说。

　　得承认,这次斗嘴,我是彻底失败了。

　　这几年,她学业上有多大长进,我不知道,斗嘴上可是大有长进了。比如前些日子,为件什么事,她母女俩"得罪"了我,便引用孔夫子那句话挖苦他们:

　　"唯女子与小人为难养也,远之则怨,近之则不逊。你妈是女子,你是小人。"

　　但见她格眨格眨眼,顺口答道:

"爸,你说得很对,不过你对孔子的话理解错了。那句话是说:女人和孩子是你这样的人难教育的,为什么呢?离得远了你就怨恨人家,离得近了你就对人家不尊重。"

妙哇!我忘了正在斗嘴,当即大加赞赏。不过,那话虽也机警,却不似今天要我做嫁妆这话来得率真可爱。有意思,她怎么能想出这么刁钻的俏皮的话儿,没啥可羞的,能为女儿做嫁妆,也未尝不是人生一大乐事。至少说明,我这个当爸爸的,还是个有用之物,还没落到"老而不死是为贼"的地步。可一想到他兄妹俩小时候的种种遭际,又不免有些心酸。

我少小离家,负笈求学,又在外地工作,成家后夫妻天各一方,他兄妹俩都是在老家农村出生的。合家团聚,不过是近十年的事。孩子出生时,因工作忙,更因经济困窘,均未回家照料。稍大点儿,也未能给以更多的爱抚,一般孩子都有的玩具,几乎没给买过,只记得给儿子买过一个塑料西瓜,八毛钱,给女儿买过一个布娃娃,一元四角。妻子曾给我说过这么件小事,今日忆及,仍不胜唏嘘。

是女儿3岁时吧,一次妻子带她去镇上玩,来到百货商店,孩子见了一种小推车,哭闹着要妈妈给她买。一辆小车不过二十几元,但对我家来说已是不可想象的大数目;我那时一月工资50元,要养活四口之家。妻哄孩子说:"等爸爸一月挣上80块钱就给你买。"售货员听了,露出鄙夷的神色。那时候,要挣上80元,少说也得当上县委书记!

这事,妻怕我伤心,从未对我说过,直到前两年才无意中提起。我曾问女儿,可记得此事,她说不记得。孩子能忘了,当爸爸的既然知道,实在是难忘的了。这遗憾,怕至死都会刻在我的心头。至今每次上街,走过卖玩具的地方,看见小推车,我总不忍多看。当然,这亏欠也可以用别的方式加倍地补上,但那不过是自欺,任你什么方式,能补得上孩子幼年心头的创伤吗?纵然她未必知晓。女儿现在很爱收集小动物,也爱做些布娃娃之类的小手工,挂在床头,摆在书桌上,我疑心这正是童年时心灵上的缺憾的补偿。

太伤心,也太残酷,我从未点破。

别说孩子了,我现在爱和孩子们在一起嬉闹玩耍,又何尝不也是一种心灵上的补偿?

有人说南唐李后主所以无能,是因为"生于宫掖之中,长于妇人之手"。确否不敢妄论,但我总觉得长于妇人之手,实在不能说是坏事。家父一辈子在外地工作,很少回家,我是母亲一手带大的。与妻子团聚后,穿衣吃饭,全由妻子料理。将来年迈体衰,卧床不起,能在床前侍奉汤药的,怕也只有女儿。人的一

生,幼年有母亲抚爱,成年有妻子照料,晚年有女儿侍奉,也算得上大富大贵了。想到这儿,我对女儿说:

"爸爸就做你的嫁妆吧,只是到了你家,别锁在房子里就行了。"

"那可不行。"女儿笑着说,"不锁住,过两天你又跑到我哥哥家去了。"

我想倒也是的,一双儿女,哪头也放不下呀。

与你共品
yu ni gong pin

　　平平淡淡显真情。这篇文章记叙的只是家庭中的一些平凡琐事,用的也是平易不过的语言,但字里行间处处流露的是一股慈父纯情的爱,读来是那样的叫人感动。在我们的平常生活中,我们能体味到父母内心深处对我们的那份挚爱吗?

个性独悟
ge xing du wu

　　★文中第一段写"父女关系,马马虎虎",你怎样认识这种"父女关系"?

　　★第八段女儿说的话是不是她的本意?怎样理解才对?

　　★第十三段中孔子的话究竟是什么意思?由此可见孔子在对待妇女问题上是什么态度?

幸福的第六根手指

海水咸　海水深 / ···尤天晨

接到大哥汇来的 600 元生活费,我的心里涌起一股复仇的快感。他经营的罐头厂已摇摇欲坠,我还在狮子大开口逐月提高消费标准(其实是在攒钱买手机),而他从不敢懈怠。料想他就是砸锅卖铁也会供我读完大学,正所谓父债子还!

大哥与我没有任何血缘关系,我这么叫他很有些"口蜜腹剑"。因为我一直在伺机报复他,谁让他父亲——那个收养我的男人去年突然死去了呢? 他可是我的杀父仇人! 他们收养我只是为了替自己的良心赎罪,可即使把我培养成博士后也不能换回我父亲的生命!

父亲在我记忆中只剩下模糊的影像,却常常提着渔网虾笼一身腥味地出现在我梦中。父亲是我唯一的亲人。在我 7 岁那年,父亲说要去 50 里外的黄海边挣钱给我买"军舰"。他把我寄养在邻居沈阿婆家里,就与几个同乡出发了。谁知,他一去再也没回来。

许多天后,村里来了一位陌生的男人。村干部把我领到他面前,让我跟他回家,做他的养子,几个与父亲一起赶海的叔叔大哥偷偷把我拉到一边告诉我:"就是这个人害死了你爸爸!"

我带着认贼作父的耻辱离开了贫穷的小村,成了黄海边上那个渔村的新村民。养父对我倒是很好,可我总以为这是假仁假义。我总是惊恐地躲着他,有时他把好东西留给我而不给自己的儿子吃,我便以为这里面一定有毒。他的儿子比我大 10 岁,正在城里读高中,"大星期"才回来一次,每次都会给我买一只小青蛙之类的玩具。我终究在情感上被他俘虏了去,尤其是当我面对他送我的一个军舰模型时,我的眼睛"刷"地亮了,并第一次叫了他一声"大哥",把他们父子高兴坏了。

大哥高中毕业后便回来帮助养父料理滩上的事,我则背起书包走进校园。父亲之死始终是个解不开的疙瘩在我心头盘踞,随着时间的推移,我极为早熟地想到,只有认真读书出人头地,才能为父报仇。我至今也无法解释为什么在那么小的年纪便有如此坚定不移的仇恨。

光阴荏苒，我已临近高考。大哥经常来校看我，送些养父给我做的蟹黄羹给我下饭，并给我一些钱说："这是爸爸让我给你的，叫你多买点营养品，别亏了身子。"可是这些话从他嘴里到达我心里时，早已变了味。大哥后来几次来看我，老是提填志愿的事。他建议我填报化工专业，因为家里办起了私营罐头厂，专门生产瓶装醉螺，学成后一定可以大派用场。我答应了。其实我心里想的是，我要是能将醉螺腌成同行中的极品，一定另攀高枝，打垮你这个家庭作坊！

遗憾的是，我还没来得及"复仇"，养父就死了。因为我如愿收到了化工学院的录取通知书，他兴师动众大宴亲朋。席间，他抑制不住内心的激动，频频向客人敬酒，还不住地夸我："别看他打小不爱说话，是个'闷才'呢！"大哥劝他："少喝点儿，您有高血压。"养父把酒瓶一举："咱家出了大学生，喝死也值！"在那次醉酒之后，养父一病不起，不久就去世了。

我不再关心大哥的命运沉浮，只心安理得地花着他的钱，在大学校园里模仿大款状，掀动手机，"呼"朋唤伴。后来，寒暑假我也不回去了，我告诉他我在搞"社会调查"。大哥便按我的需要如数如期地给我寄钱，还在附言栏里写上"注意身体""好好保重"等字样。

毕业前夕，我终于与一家合资公司签上了聘用合同——既然大哥已经垮了，我又何必在那个小渔村浪费自己的青春和才干。再说，我对那些罐头也丝毫不感兴趣。

我是带着嘲笑的心态回去跟大哥告别的。我在滩头找到了大哥，他正忙着照料雇工捡蛳螺，过秤记账。两年不见，大哥的外形有几分闰土的样子，有几根白发毫无顾忌地在他的平头上挺立。大哥见了我连忙停下手中的活计，上上下下打量我，眼睛里闪过惊喜，然后婆婆妈妈地把我搂进怀里说："小弟，你可回来了！"我面无表情地挣脱了他。大哥开始向我讲述这两年的坎坷，讲上次事故以后，厂里怎样资金短缺面临被迫停产，讲他这两年怎样单打独撑经营滩面积累资金，讲他心中重新注册商标把罐头厂救活让我出任厂长的打算……

"你做梦！"我咆哮着打断他的讲述。我忽然想起了不明不白在这里死去的父亲。"你不要以为你30多岁不结婚，你花那么多钱供我上大学是有恩于我，你是在替你父亲赎罪！"正在这时，腰间的BP机响了。我一看，就掏出手机，又不忘说了句："对了，这些你都没有的东西我也有了，是你的钱买的，现在，我得用它给女朋友回个电话……"

"够了！"大哥的喉结突突地颤动，脸上的表情愤怒而悲凉。海风渐渐地猛烈,他身上的防水衣猎猎作响,海鸥在空中凄厉地叫喊起来。远处传来阵阵涛声,拾蛳螺的人们纷纷撤离。大哥说:"你听见了吗?这是子午潮,不一会儿,我们的脚下就是一片汪洋,你父亲就是被潮水卷走的——和我的母亲一起!"

我的心猛一紧缩,大哥的脸上霜一样冰冷。潮水已在视线里一跃一跃地向我们涌来,大哥拉起我向家的方向狂奔。

大哥第一次打了我,从我的膝盖后面一脚踢来,我应声跪地。大哥从箱子里取出两幅照片挂在墙上,一幅是养父的,另一幅一定是那个与我父亲一起遇难的女人。大哥指着这两幅照片说:

"13年前的夏天,我父亲忽然在自家雇工的队伍里发现几个偷蛳螺的外乡人,就把他们送进了派出所。其中一个还没结过婚,在家里领养着一个7岁的孩子。他们挨了派出所的打,那个7岁孩子的养父被打伤了左腿。我父亲的心又软了。出于同情他又把他们几个带回来,把他们算作雇工,按劳付酬。那时我母亲也每日在滩上照料,有一天也是涨子午潮,在撤离的过程中,那孩子的养父摔了一跤,把已经到手的蛳螺撒了一地。他舍不得放弃,停下来想一颗颗重新捡起,被我母亲发现了,转回头来拉他快走,而他却又在地上抓了几把才一瘸一跛地被我母亲拖走,可是,潮水已汹涌而至……后来,我父亲不放心那个孤苦伶仃的孩子,去找了那里地方上的干部,取得了抚养这个孩子的权利……喏,这是领养证。你走吧!"

一张斑驳褪色的领养证从大哥的手里滑落到我的双膝前。十几年里从我眼中喷发出去的复仇之光被历史的镜面反射回来,让我万箭穿心。

"大哥,你为什么不早点儿告诉我?"我跪抱着大哥的双膝,哀嚎着把无地自容的脸藏在他沾满海腥味的防水衣里。

"因为,他是你的父亲,而'小偷'会影响他在你心中的尊严。"大哥悲极而泣……

当天,我在养父母的遗像前点燃那份合资公司的聘书,按家乡的风俗行了叩地大礼。我知道我再也无法走出黄海边上这个小渔村了,包括我的青春和志向。

沐浴永恒的亲情

与你共品
yu ni gong pin

　　作者通过一家三口人的悲欢离合,道出了"海水咸,海水深"的真谛。一个无人抚养的孤儿,怀着仇恨的心情,走进养父之家。一位憨厚朴实的大哥继承父亲的遗愿供养他。一位心地善良的养父,得知养子金榜题名,乐不能支卧床不起,过早地离开人世。一杯苦酒,一个保守了十几年的秘密,酿成了仇恨的种子,开花、结果最终有了感人的结局。也许有人认为不值得,那么值得的东西又是什么?

个性独悟
ge xing du wu

　　★作者在叙事的过程中,采用什么样的方法?这种叙事方法在全文中起什么作用?

　　★哥哥的罐头厂已经摇摇欲坠,"摇摇欲坠"在文中含义是什么?而"我"却还在狮子大开口逐月提高消费标准,这究竟为什么?

　　★在"我"看来,大哥及大哥的父亲均是什么人?"我"怀着什么样的心态,看待大哥和他的父亲?"伺机"一词怎样理解?

　　★从全文中描写、叙述大哥的字里行间中,你认为大哥是怎样的一个人?这样写大哥与"我"形成什么对比?作者的用意是什么?

　　★大哥暴怒,是在什么情形之下产生的?作者为什么细致来描绘海滩的大自然景象,在全文有什么作用?

两地书 / · · · 唐训华

一

亲爱的弟弟：

　　你好！

　　此次来信，要请你原谅我的罪过，我对你撒了五年的谎。

　　这五年中，我时刻都在愧疚，每次写信都想向你吐露真情，但穷困的生活，你的瘫痪在床的嫂嫂，不得不使我一次次向你谎报家情，骗取你的孝心，我真不配当你的哥哥呀！

　　你每月都给父亲寄 10 元赡养费，可是你知道吗？父亲早在五年前就去世了！

　　现在，由于你知道的原因，我们翻身了，你嫂嫂也得到了彻底治疗，该是对你们披露真情的时候了！

　　五年中，我用说谎的手段，以死人的名义，索取了你们省吃俭用的 600 元血汗钱，现在一并寄还给你们，谢谢你们的深情大恩。

　　你能原谅我吗？没见面的弟媳能原谅我吗？

　　　　即颂

　　大安！

　　　　　　　　　　　　　　　　　　　　　　　　兄长

　　　　　　　　　　　　　　　　　　　　1984 年 7 月 1 日

二

尊敬的兄长：

　　您好！

　　读了您的信，我很悲痛，公公早已去世，我做儿媳的未能尽一点儿孝心，真是愧对公公九泉之下的魂灵。

您是为生活所逼撒了谎，我完全能谅解，可是，您能原谅我的撒谎吗？

为了使老人不至过度悲伤，为了让您一家愉快地生活，我隐瞒了您弟弟在对越自卫反击战中牺牲的消息。

寄给你们的钱是您弟弟的抚恤金，现在我手头很宽绰，这 600 元钱仍退还给您，请接受。

也请兄长原谅我的罪过。祝贺嫂嫂病体康复！

　　　致

礼！

弟媳

1984 年 7 月 7 日

与你共品
yu ni gong pin

　　读完这篇文章，我们便被文中的兄长、弟媳的人格力量所震撼。

　　这篇小说，利用"欺瞒"这一纽结设悬念，娓娓道出兄长的"欺瞒"，弟媳的"欺瞒"，"欺瞒"一般被人认为是不道德的行为，为人所不齿，但本文却反其义，从"欺瞒"中赞扬世间的善良和高尚情操，血浓于水的骨肉亲情。

个性独悟
ge xing du wu

　　★对于书信这种文体你有多少了解？

　　★用书信体写小说并不多见，说一说，你对兄长给弟弟的信内容的理解。

　　★再说说弟媳给兄长的信，你是怎样理解的？

作文链接

zuo wen lian jie

家中的三盏灯 / ···李 曼

家,就是有个人,点着灯在等你。

——高晓松

初三开始上晚自习,放学后,一个人骑着自行车穿行在漆黑的暮色里。远远地看着那高处耀眼的光亮,我知道,那是我家,家中有一位慈爱的母亲正点着三盏灯在等我:厨房一盏,走廊一盏,我卧室一盏。

厨房里放着一碟小点心和一杯没加糖的咖啡,用完理所当然的一切,走入父母的卧室,取出换洗衣物,听着母亲均匀的呼吸声,犹如春风拂过面颊,心里特别的温馨……

一天,晚自习前没回家,也没有通知父母,自习结束回到家中,并没有因家里的灯火通明而感到不安。父亲似乎要站起来对我嚷,可还是母亲先开了口:"晚自习前怎么没回家?""自行车坏了。""怎么不去修?""修车行离学校很远,来不及。""那怎么不打电话?""忘了。""忘了?""对,是忘了。""好一句'忘了'!你知不知道,就是因为你这句'忘了',我和你爸爸担心了一个晚上,你知不知道……""下次记得,行了吧!"一句赌气似的话把父母隔在了房门外。那一夜,三盏灯没有关……

以后的日子里,母亲依旧为我开着三盏灯,厨房的、走廊的、卧室的。

又有一次,回到家就觉得家中昏暗许多,只开了一盏灯,我的心情一下子紧张起来,桌上也没有点心,但有咖啡,杯下压着父亲留的字条:你母亲生病了,去了医院。我突然不知所措起来,执杯的手好沉、好沉,含在口里的咖啡又苦又涩……点灯吧,像母亲为我做的那样:厨房一盏,走廊一盏,母亲卧室一盏……

第二天醒来,母亲已经平安归来,听父亲讲,当母亲看到那三盏灯时,笑着说:"女儿长大了。"

那一刻,我才真正明白高晓松的话——家,就是有个人,点着灯在等你。同时,也为自己的顿悟而欣慰:生活在这个世界上,我不会预知明天,但我把握住了今天,我体会到了亲情的温暖,我读懂了母爱的无私。只要永远把握住"今天",我将会拥有一生的幸福。

【简 评】

本文构思独特精巧,借"家中的三盏灯"照出了一份浓浓的亲情。"家中的三盏灯"既是文章的线索,又是亲情的象征,读来令人徜徉在母爱的暖暖的春风里。文章还引言"家,就是有个人,点着灯在等你",不仅寄予着文章鲜明主旨,更道出小作者对亲情成熟的理解:体会到了亲情的温暖,永远把握住"今天",将会拥有一生的幸福。好作品来源于生活,它是真情实感的再现。

书与亲情／···高 星

我的童年没有别的孩子那么美好,他们拥有一颗颗幸福的葡萄;而我的葡萄,表皮伤痕累累,果浆充满泪水。

从我记事起,父亲的巴掌就一直跟着我。他是个赌徒,整天在赌场里鬼混,家中仅存的一点儿积蓄也被他输得一干二净。他赌后回家,如果赢了,便打瓶酒喝得烂醉;一旦输了,心里不顺,便拿我们娘俩出气。

我8岁时,母亲成了她们工厂第一批下岗职工,家中唯一的经济来源断了。下岗后,母亲天天出去找工作,可一直没有着落,她只好和别人一起出去干杂活。生活的逼迫使她变得沉默寡言,对人冷漠。但是,母亲总是那么爱我。在我心中母亲是高尚的、伟大的、神圣的,她的爱是无法用语言来描述的。母亲很开明,深知知识的重要性,所以无论家境多么困难,她总是不忘给我买一些有意义的书籍,不过都是背着父亲买的。也许有人会感到奇怪:既然穷,那么钱是怎么来的呢? 我也曾有过疑问。有一次,我无意中发现了一个小本子,打开本子,三张纸条掉在了地上。捡起来一看,我惊呆了,原来是母亲卖血的收据! 我仿佛看到母亲那带着体温的血液,通过导血管源源不断地输到蓄血袋中,袋子鼓起来,而母亲却……"不,不要!妈妈,您不要……"我跑到母亲身边哭叫着,母亲却不知我要说什么,当我拿出收据时,她显得有些恐慌了,从她的眼神里我看得出,她不想让我知道这件事。

"我?我……我很健康!没事……"她支支吾吾地解释着。

"不!妈妈!您别卖血了?不要再给我买书了,我以后不读了!"

"什么?"一向慈爱的她一下子急了,"你不读书?就像你爸爸那样当个废物、人渣?被人瞧不起?"说着狠狠地抽了我一巴掌。我捂着疼痛的脸颊,不知怎么解释才好。这是母亲第一次对我发火,也是第一次这样狠狠地打我,但我清楚她是爱我才打我的呀!现在回想起来,母亲的用心是多么良苦,母亲把她的一切都寄托在了我的身上,她对我寄予了多么深切的希望啊!

那天晚上,我翻来覆去就是睡不着,我后悔说了那句让母亲伤心的话。我正想着,门开了,我装作睡着了。这时,一只粗糙而温暖的手,抚摸着我那火热发烫的脸,这是母亲的手,我能感觉得出来。"孩子,我知道你没有睡,痛吗?都是妈妈不好,我太冲动了,你能原谅我吗?"我反而更加自责了,本来是我惹她生气了,母亲却让我原谅她,这叫我心里怎么好受呢?我忍不住扑到母亲怀中哭了起来:"不,妈妈,你打我是对的,是我不对,不该说那些让你生气的话。我会好好读书的。你等着,二十年后,我一定会风风光光地把你接到大城市里去过好日子,永远离开这穷苦的地方!"母亲抱着我,呜咽着说:"我的好孩子!"

那是一个难眠的夜晚,从此我便和妈妈同睡,我给妈妈捶背,妈妈陪我读书。那段日子是我至今记忆犹新的快乐时光。

在我10岁多一点儿的时候,母亲和父亲离婚了,我自然由母亲抚养。时间飞快,转眼间,我现在已是一个16岁的小伙子了,在全县最好的中学就读。

记得收到一中录取通知书时,我既高兴又忧愁,满脑子都是母亲的身影。为支付每月的花销,母亲几乎日夜不停地干活,拉煤、当保姆、摆小摊,因长期生活起居无规律,落下了一身的病。孱弱的身体更加消瘦,原来的旧衣服也更显得宽大了。但为了能让我上学,她拼命地干活挣钱。

一中开学的时候,我像其他幸福的孩子一样跨进了中学的大门,带着母亲的心血与期望,来到班里读书学习。虽然家境比以前好多了,但仍然不宽裕。母亲现在还是个干杂活的,每个月挣不了多少钱,除了每月的房租、水电费外,还要解决我每月的生活费,剩下的钱已寥寥无几。可是母亲仍然时常给我买书,这些书,都包含了母亲对我的殷切希望。最难忘的是那本带有血迹的奥斯特洛夫斯基写的《钢铁是怎样炼成的》。

　　2001年4月的一天晚自习时,班主任领来邻居阿姨,说我母亲受伤了,是撞伤,骨折。原来母亲在买书的路上发生了车祸,当时血流了一地,把衣服都染红了。我简直不敢相信自己的耳朵,脑子"嗡"的一下,什么意识都没有了,只是一片空白。不!不会的!老天爷为什么会如此不公! 我从小到大,难道受的苦还少吗?我没命地跑回家。母亲手上打着石膏,头上缠着绷带,正在昏睡当中。额头上的皱纹和斑白的头发,记载着她的磨难、沧桑。母亲那憔悴的面容让我的心提到了嗓子眼儿,泪水溢出了我的眼眶。她的确老了许多。而床边,就放着那本《钢铁是怎样炼成的》。它,沾着母亲的血。邻居们说那是给我期中考试的奖品,可惜被弄脏了。"不!"我大声说,"它没脏!"因为我知道,它比世界上任何一本书都要新,它是世界上最好的书。它不仅带给我知识,更重要的是,它渗透着母亲的心血,凝聚着母亲的爱。我说话时,母亲被惊醒了,我紧紧地抱住了母亲的肩膀……

　　我与母亲流的泪太多了,以后的日子里,什么时候才会不流泪呢?直到现在回想起来,心中不免还有些酸楚。至于那本带血的"钢铁",我现在还完好无损地珍藏着。它使我认识到什么才是真正的"钢铁",尤其是那种有血性的"钢铁"。母亲是想锻造我成为"钢铁",那种有血有肉有骨气的"钢铁",有理想的"钢铁",有灵魂的"钢铁"啊!

【简 评】
jian　　ping

　　"感人心者,莫先乎情"啊!本文情感真挚,情节感人。一个普通、平凡,生活坎坷的母亲把无私的母爱都凝缩成要让儿子锻造成"钢铁"的行为,这是多么伟大而崇高的母子亲情啊! 作者对母亲和书亦爱得深沉,内容着实催人泪下。

蓝色琉璃瓶 / ··· 戴怡沁

我一向是很爱花的,那种淡雅别致的花,简单,但透着一种清新的味道。母亲也是个爱花的人,但她喜欢高贵、艳丽的花——它们更惹眼,也更气派。于是,分歧产生了,家中那只蓝色的琉璃花瓶便常常有一些白色的小花或是盛放的非洲菊。

我觉得母亲的花太招摇,母亲认为我的花无法点缀居室,于是,蓝色琉璃瓶里的鲜花总是不断更换着。然而,我的零用钱是不多的,不能全用来买花——虽然我的那些花很便宜。所以,往往是母亲的非洲菊占据了整个琉璃瓶。

有一次,母亲将一束令箭荷花带回了家,是水红色的。或许是嫌它们太妖艳,或许是因为它们占据了我小花的位置,我赌气将它们扔进了垃圾袋。我掏出仅有的三元钱,跑进花店买了一大把浅蓝色的雏菊,示威似的将它们插进琉璃瓶中。其实,蓝色的花瓶配上蓝色的花儿并不太好看。我承认,令箭荷花很美,特别是插在这样一只蓝得有些朦胧的花瓶里。但是,偏激的我认为,它违背了我的立场,我喜欢素雅的花,不艳,不俗,有一颗朴素平凡的心。为此,我与母亲大吵了一架,于是,雏菊也没有资格在蓝色琉璃瓶里待下去了。琉璃瓶里有好一阵子空空的,没了生机。

其实,在每一年的母亲节,我送上的都是几枝康乃馨或一把雏菊,而理由是买不起马蹄莲那样高贵圣洁的花。这样讲实在很违心,钱倒代表不了什么。可是每一次,母亲还是小心翼翼地把花插进蓝色花瓶里,虽然她并不喜欢那些花。但是,母亲的做法并没有让我试着去喜欢她所爱的花——我是个十分倔强的人。

琉璃瓶中的花儿还是不时更换着,但我和母亲谁也不去更换自己所插进的花——哪怕它们凋谢、枯萎。

实际上,我一直以为非洲菊和令箭荷花是很漂亮的,可出于我的执拗个性,我总是执着地爱着清淡素雅的小花。虽然我知道,它们与蓝色花瓶在一起是极不和谐的。

那是个阳光灿烂的周末,我与好友相约去花市买花。我们漫不经心地欣赏着,这家花店倒是有不少我中意的花。好友捧着一大束昂贵的"天堂鸟"蹦到我面前:"你还没挑中吗?"好友一句话提醒了我,我忽然有种冲动,花光了所有的钱,买了 15 枝橙色的香水百合,细细地打好了包,回到家中。

轻轻地推开家门,我怀着一种莫名的兴奋,走向蓝色琉璃瓶。只见母亲正坐在花瓶前,出神地望着什么。循着她的目光望去,一束别致淡雅的碎菊正静静地绽放着……

我无言。

……

蓝色琉璃瓶很美。一束朴素的碎菊和一束华贵的百合相拥开放在蓝色琉璃瓶里,尽管略嫌拥挤,可是很和谐,很美丽……

【简 评】 jian ping

文章以琉璃瓶为叙述原点,以瓶中花的对峙与和解为叙述线索,在那方狭小的空间中,只有花开花落花不定的个性演绎。即使"冲冠一怒为花颜"的争吵,也充满了捍卫理念美的诗意。但更美的不是花朵,也不是花瓶,而是瓶外亲情的凝聚。无论百合还是碎菊,都终将走向枯萎,而永不凋落的,是母女间相互理解其乐融融的心灵默契。在花来花去的变幻中渗入母女间的情感纠葛,于平淡中凸显深意,自然而巧妙。

什么最快乐 / ··· 鲍 云

我常常问自己:什么最快乐? 我快乐吗? 友人告诉我:只要你留心,你会发现快乐到处都有。听了她的话,我仔细去想,真的,我找到了快乐。

我生活在一个单亲家庭,9 岁时,爸妈便分手了,我被判给了爸爸,妈妈走时带走了家里大部分钱财,从此之后,我再也没见过妈妈,与爸爸相依为命。不幸的是,三年前,不知怎的,爸爸得了一种怪病,一直查不出病因。在短短的三年里,爸爸花光了家里所有的储蓄。可是他的病非但没有好转,反而连班都不能上了,整天待在家里,轻易不出门,家里的日子更加难过了。

今年我读初三了，每天都要上很多课，经常要到天黑才能回家。可我们家的楼道里连一盏灯也没有，经常有人在黑咕隆咚的楼道里摔跤，我也摔过。

一天，和几个同学讨论题目，不知不觉时间很晚了。等我顶着寒风骑车回到我家楼下，天已大黑，我心里连呼：完了，完了，看来今天又要摔了。我一边搓着手，一边硬着头皮，往家里走。这时听到有人叫我的名字，回头仔细一看，只见爸爸披了一件衣服，手拿一只手电筒迎了上来。"你回来怎么这么晚？肚子饿了吧？今天在学校怎样？中午吃些什么？快回家吃饭。把书包给我……"不知怎的，往日听着觉得心烦的絮叨，今天听来格外顺耳，手电筒发出的光也格外的亮。

走进屋，只觉得一股暖流迎面扑来，我刚在饭桌旁坐下，一碗热气腾腾的饭就放到了我的手边。"慢点儿吃，吃完了，歇一会儿，再做作业。抓紧时间做，做完了早点儿睡觉……"爸爸一边往我碗里夹菜，一边絮絮地说着。

……

作业总算做完了，我拖着疲惫的身子来到床边，一只削了皮的苹果，一杯自制的豆浆放在床头柜上，我的泪不由流了下来……

快乐是什么？快乐在哪里？其实快乐就是这么简单，它就在我们的身边。让我们好好珍惜所拥有的快乐吧！

【简 评】

读罢此文，不由要赞叹作者细腻的感情、敏锐的观察力。作者所感受到的快乐在许多人的眼里是那么平常，平常得几乎让人没有感觉。可作者就是从这些不起眼的点滴中感受到父亲那一份浓浓的爱女之情，她享受着这样的快乐并珍惜着这样的快乐。由此看来作者真是个生活中的有心人啊！另外，文章中的几处看似不经意的细节描写，如父亲等到我回来时的"迎上来"、床头柜上削了皮的苹果和豆浆，作者以朴实但饱含真情的笔触将父亲对我的爱加以展现，感情真挚，为文章增色不少。

品味爱的真谛

亲情卷

记忆中的冬天并不寒冷

有一种温馨而甜美的温暖

　　我一直以为自己已经成熟得足够遮风挡雨，所以，总是不能理解父母的那份＂叮嘱＂，好像我是永远长不大的孩子。终于等到能懂的时候，一种心痛已在心头：父母是在日复一日的眷恋中苍老下去的呀！

　　跨出一步便是天涯，但不管我流浪的足音弹向何方，都永远走不出父母爱的天空。我是父母手中的风筝，线的那头永远捏在父母的手中，于是，有爱在我远行的旅程中。

快乐阅读
kuai le yue du

回馈的爱 / ··· 刘 墉

　　你一定常听我谈起兰屿的风景,但我要告诉你:兰屿给我印象最深的,不是山水,而是海边遇到的一家人!

　　那是一个傍晚,我在兰屿的海滩散步,看到一家人正蹲在地上整理刚网到的鱼,他们把鱼小心地分成四堆,也可以说是四种等级。

　　"为什么把鱼分开摆呢?"我当时好奇地问。

　　男人用生硬的国语,指着最好的一堆鱼说:"男人鱼!"又指指剩下的两堆:"女人鱼!小孩鱼!"最后指着那显然又少又差的鱼说:"老人鱼!老人吃的!"

　　十五年了,那海边一家老小的面目,至今仍清晰地映在我的眼前,甚至可以说,深深烙在我的心上。

　　我常想:为什么那老人家要吃最差的东西,又为什么当时那老人家,竟抬起头来,对我笑一笑?

　　今天,我到朋友家做客,再一次遭到这种震撼!

　　晚餐之后,我指着桌上的残羹剩菜,对主人客气地说:"您准备得太丰盛了,剩下这些,多可惜!"

　　岂知主人才六七岁的小孩竟毫不考虑地搭了腔:"不可惜!奶奶吃的!"

　　"我婆婆等下会出来吃!"女主人说,看见我十分惊讶,又解释:"她不喜欢一起吃,叫她吃好的,她还不高兴,只有剩下来的,她才吃,而且吃得高兴!"

　　孩子!现在我坐在桌前给你写信,想到今晚的那个画面,禁不住流下泪来!我要再一次问:

　　为什么?

为什么?

只因为老人家没有了生产力,就该吃剩的?该吃坏的吗?

只因为老人家"自愿""高兴"! 我们就任她自生自灭吗?

相信你一定读过我在《点一盏心灯》里写的"爱吃鱼头"那篇文章。老人家临终前,几个朋友烧成了她最爱吃的鱼头,却听到老人瞒了十几年的秘密:

"鱼头虽然好吃,我也吃了一辈子,却从来没有真正地爱吃过,只因为家里环境不好,丈夫孩子都爱吃鱼肉,只好装作爱吃鱼头。"

这是一个千真万确的事,故事中的老人家有幸在临终前说出心里的话,问题是这世上有多少为家庭牺牲的父母、尊长,就在晚辈的一句"她自己喜欢"的漠视下,慢慢凋零了?

是的! 她们是在笑,因为自己牺牲有了成果,而快乐地笑!

但晚辈们看到那笑,是不是也该笑呢?

还是应该自惭地哭!

最近我为公视"中国文明的精神"进行评估,在读了一百多万字的专家论文后,印象最深的,竟然是论文里提到西方社会学家,于 1937 年起,在中国多年调查的结果:

"不要以为中国农村有许多三四代同堂的大家庭,事实上几乎没有!主要的原因是农民寿命太短,平均在 50 岁以下,活不到多代同堂的年龄,又因为贫穷而缺乏维持大家庭需要的财富。"

你能相信吗?这个中国人常以为自古就盛行多代同堂的说法,竟然错了!那是"理想",不是事实!

父母、尊长平均活不到 50 岁,这是多么可悲的事!问题是,父母不能甘旨无缺、安享天年,又难道不是做子女的耻辱吗?

过去穷,我们没有话讲!

今天富,我们该多么庆幸!可是在我们庆幸的时候,是否该想想自己有没有尽孝,抑或又是创造了一种假象?!

记得有一次,你抱着一碗鱼翅当粉丝喝,我很不高兴地说:"那是留给奶奶的! "

你则理直气壮地说:"奶奶说她不爱吃,叫我喝光算了! "

你有没有想过:奶奶是真不爱吃吗?还是"爱你",而特意留下来?你应该知道,牙齿不好的奶奶,最爱吃的就是能滑溜入口的鱼翅汤了!

记得我们每年冬天都排列在窗台上的柿子吗?

为什么柿子一买就是十几个?因为我发现只买几个的时候,你奶奶知道我爱吃,总是先抢着吃香蕉,等我叫她吃柿子时,就推说自己早吃过了水果。

只有当她发现柿子多到不吃就会坏的时候,才会主动去拿。

你一定也总是看见我为你奶奶夹菜,她拒绝,说不要吃,我就把筷子停在空中,直到夹不稳而要掉在桌上,她才不得不把碗伸过来。

你注意,她哪次不是高兴地吃完呢?

你也必然见到,当菜做咸了,大家不吃,她却抢着夹的画面。我用筷子压住她的筷子,以强制的方式,不准她吃,因为血压高的人,最不能吃咸!

"瞧!有这样的儿子!不准老娘夹菜!"她对一家人抱怨。

你有没有注意,她是十分高兴地说这些话?

所以,今天我要隔海叮嘱你,希望你能注意家里公公婆婆和奶奶的饮食,我不在,你母亲又常加班,这就成为你的责任!

当我们小时候,长辈常用强制的方法对待我们,叫我们一定吃什么,又一定不吃什么!他们这样做,是因为爱护我们!

而在他们年老,成为需要照顾的"老小孩儿"时,我们则要反过来模仿他们以前的做法——

用强力的爱!

这不是强迫,而是看穿老人家装出来的客气,坚持他们接受晚辈的孝敬!

如此,当有一天他们逝去,我们才可以减少许多遗憾!因为我们为天地创造了一种公平、回馈以及——

无怨、无悔的爱!

与你共品

本文作者捕捉到生活中常令人漠视的瞬间,向世人展示了一个常令人忽视的社会问题。父母和祖辈常为子女舍弃自己所爱,但子女却没有给父母和祖辈应有的爱的回报,而是听之任之。作者通过生活中一系列小事意在唤醒做子女的应重视、关爱父母。

幸福的第六根手指

个性独悟
ge xing du wu

★开篇的两件事反映的生活中一个几乎共存的现象是什么?作者由此为晚辈提出了什么问题?

★《点一盏心灯》里那个短小场面告诉了我们什么?

★西方社会学家的调查在这里起什么作用?作者母亲的三件小事说明了老人们的一个共同特点是什么?

★"回馈的爱"换言之就是什么?作者的这种呼唤正反映了对后辈的一种怎样的忧虑?

快乐阅读
kuai le yue du

大钱饺子 / ···张 林

那一年,是"文革"的第二年吧,我被划进了浩浩荡荡的黑帮队伍里。那时的黑帮也真是多,可以整班整排的编制起来。我在那长长的队伍里倒不害怕,觉得不孤单。怕的就是游斗汽车开到自己家门口,这一招太损了。嘻,越害怕还越有鬼,有一次汽车就真的开到了家门口。那八旬的老母亲看见汽车上的我,嘴抖了几抖,闭上眼睛,扶着墙,身子像泥一样瘫了下去。妻子竟忘了去扶持母亲,站在那儿,眼睛都直了,跟个傻子一般。

我担心老母从此会离我而去。谢天谢地,她老人家总算熬过来了。转眼到了除夕。还算万幸,除夕这一天竟把我放回家了。

一进家门,母亲用一种奇怪的眼光打量我,好像我是撞进这个屋里来的陌生人。然后,她一下扑过来,摸着我的脸,像摸一个婴儿的脸那样。最后,她竟把脸埋在我的怀里,呜呜地哭起来,妻子领着孩子们只远远地站着,好像不好意思往前来,也在那儿哆哆嗦嗦地哭。

"媳妇,快包饺子,过年!"母亲对妻子说。妻子痛快地答应,只是样子有点儿慌乱。

于是,一家人忙起来,剁馅、和面,孩子们也像上足了发条的玩具车,开始跑动起来……节日的味道总算出来一点儿了。一会儿,全家围在一起开始包饺子,这时,母亲忽然想起一件什么事,拍一下大腿说:"哎呀,包个大钱饺子吧,谁吃了谁就有福!"

大钱饺子,我小的时候包过,可我一次也没吃到。现在已经多年没有包了。为了使母亲高兴,我同意了,而且希望母亲能吃到这个大钱饺子。我要真诚地祝福她,愿她多活几年。为了我,母亲已经完全憔悴了。

母亲从柜里拿出个蓝布包,从包里掏出一枚铜钱来,还是道光年间的古货。我看见她颤抖地把这枚古钱放在一个面皮上,上面又盖了点儿馅,包成一个饺子。这就是大钱饺子。

我看见,母亲包完这个饺子之后,用手在饺子边上偷偷捏出一个记号,然后,若无其事地把它和别的饺子放在一起。但我已经清楚地记住了这个饺子的模样了。

饺子是母亲亲自煮的。母亲煮的饺子最会掌握火候。什么时候煮皮,什么时候煮馅,总是恰到好处。妻子这些年总没把这项技巧掌握到手。现在饺子要熟了,像一群羊羔一样漂上来。我一眼就看见那个带记号的大钱饺子。

母亲在盛饺子的时候,把那大钱饺子盛在一个碗里,又偷偷把它拨在紧上边,然后把这碗饺子推到我面前:"吃吧,多吃,趁热吃。"我觉得心里一阵热,鼻子也酸疼起来。我怎能忍心吃这个饺子呢?应该让母亲吃,让她高兴高兴。但我一时想不出办法,因为母亲认识这个饺子。

我想那就给妻子吧,她跟我生活了二十年,现在已经是快半百的人。为了我挨斗,她整天整夜睡不着,心血都快要熬干了,头发也变白了。我趁妻子上厨房去拿辣椒油的工夫,偷偷把大钱饺子拨在她的碗里。等一会儿她吃到了,我就领着孩子们欢呼。谁知,妻子从厨房回来了,看了看碗,呆呆不动筷子。半天,她才抬起头来,用一双深沉和感激的眼睛望着我,眼圈都红了。啊!她也认识这个大钱饺子。

妻子没有作声,显得很平静。她吃了几个饺子,忽然说了声:"都快粘在一块了。"说着,就把所有的饺子碗拿起来摇晃,晃来晃去,就把那碗有大钱饺子的放到了母亲跟前。母亲显然没有注意,她的双眼一直看着我。大约有些奇怪,儿子吃了那个饺子为什么不吱声呢。她边看我边吃饺子,突然"啊"了一声,大钱饺子硌了牙。

"妈妈有福! 吃到大钱饺子了! "妻子像孩子般喊着。

"我……这是咋回事?"母亲疑惑着。这时,当啷一声,一个东西从她的嘴里掉在碟子里,正是那个大钱。

于是,我领着老婆孩子一齐欢呼起来:"母亲有福! "

"奶奶有福! "

"奶奶有福! "

"……"

母亲突然大笑起来,笑着笑着,流出一脸泪。我和妻子也流了泪。

与你共品

yu ni gong pin

　　本文作者通过回忆自己一家在那段黑白颠倒的日子里,吃大钱饺子的故事,让人切实感受到这个家在苦难日子里,母与子,夫与妻,父母与孩子同舟共济、相濡以沫的真情。本文作者文笔细腻,感人至深。

个性独悟

ge xing du wu

　　★第一自然段画线句说明了什么? 第二自然段画线句在文中的作用是什么?

　　★一家人除夕相见的场面可以用什么词来形容?

　　★吃"大钱饺子"是什么地方的习俗?它反映了母亲什么心情?

　　★"大钱饺子"在饭桌上"走来""走去"说明了什么?

花店的传统 / ···虽 然

品味爱的真谛

　　这是一个两口之家,母亲是一家杂志社的编辑,经营着那些美丽的文字和自己的心情。女儿 16 岁,是一所重点高中的学生,不幸患有风湿性心脏病。

　　高二那年春天,女儿忽然提出要利用课余时间到街上为行人画像,说是为了检查自己的素描水平。母亲自然不同意,因为母亲深知自己女儿的身体,无论如何是承受不起那般折腾的。母亲和颜悦色地说:"你愿意画像,可以给妈妈画呀。"女儿说:"整天对着你同一张脸,我找不到感觉。"母亲便说:"我可以变换各种姿势和表情,供你选择嘛。"女儿还是不听,执意要去。母亲便有些火了,不想女儿更倔强,索性拎了小凳子,背起画板,一甩门走了。

　　天色已经昏暗了,女儿才回来,满脸的汗水掩饰不住满脸的兴奋,匆匆地扒了几口饭便睡下了。夜里,母亲听到女儿的呻吟声,心便缩得紧紧的。

　　本以为这不过是女儿的异想天开,不想女儿却认了真,第二天居然做了一个小纸板,上面写着:请让我给你画像,我需要你的 5 毛钱。女儿说:根据得到的钱才能计算出请她画像的人的多少,也才能知道自己水平的高低,不然忙着画像怎么能记清有多少人呢?母亲这次可真是恼怒了,母女二人的生活虽然清苦,但母亲深信女儿所得到的东西,无论是精神上的还是物质上的都不比别的孩子少,苦只苦了母亲自己,女儿怎能用这种方式到大庭广众之下去丢脸呢?这和乞丐有什么区别?

　　但是,最终的是母亲妥协。

　　于是,在这座城市的街头,便出现了这样一幕:一位十六七岁的娇弱女孩手持画具,坐在小凳上期待地注视着来来往往的行人,一位四十多岁的母亲低着头,却高高地为女儿撑着一把遮阳挡雨的伞,母女二人的面前放着那个小纸板。

　　一个星期后,小储蓄罐只装进 5 元 5 角钱,而女儿却病倒了,且再也没能醒过来。

　　不久,母亲节到了。满街的鲜花与灿烂的笑脸,如同炭火一样灼烧着母亲的眼。母亲逃也似的冲回了家,抱着女儿的照片号啕起来。

幸福的第六根手指

　　黄昏时分,门铃响了。进来的是一个陌生的女孩,她手拿一大束芳香的康乃馨。母亲愣了,问女孩是不是走错了门。女孩甜甜地笑着,把鲜花送进母亲怀抱,说了句"节日快乐"就轻轻为母亲掩上了门。

　　岁月如梭,又一个母亲节到了,母亲惆怅地想:再也不会有鲜花了,女儿在另一个世界里飞翔呢!

　　黄昏时,门铃又"丁零零"响起来,又是一束鲜花,又是一声祝福,不同的是送花的人换成了一个男孩。

　　以后的许多年,母亲节那天,母亲都会收到鲜花和问候,那份芳香滋润了母亲孤寂的光阴,母亲渐渐地从哀伤中挣脱出来,又恢复了以往的开朗和自信。

　　但是,母亲不知道,自从女儿拿着那微薄的用画像挣来的 5 元 5 角钱,在一家花店为母亲订花以后,母亲节送花给她已经成了这家花店的传统,虽然花店几易其主,传统却没有改变。

与你共品
yu ni gong pin

　　花店的传统:母亲节给母亲送花。而这个传统来自一个催人泪下、感人至深的故事。一个身患绝症的女孩,自知不久于人世,便用自己挣的钱到花店为母亲订了一份鲜花。正是这份鲜花,给母亲带来问候,让孤独的母亲摆脱了哀伤,开朗自信地生活下去。

个性独悟
ge xing du wu

　　★"花店的传统"指的是什么?

　　★女儿如何向母亲说明上街为行人画像并收钱的原因的?从全文来看,这是真正的理由吗?如不是,请说明其真正的目的。

　　★母亲为什么不同意女儿上街为行人画像?从文中找出证实她

担心的句子。

★如何理解"那缕芳香滋润了母亲孤寂的光阴,母亲渐渐地从哀伤中挣脱出来,又恢复了以往的开朗和自信"?

★女儿在花店如何订花的,文中并没有写,根据前后文的内容,合理想象女儿在花店订花的情节,并描述出来。（100字左右）

快乐阅读
kuai le yue du

花 / ···[美] 诚若谷

他在为工作埋头忙碌过冬季之后,终于获得了两个礼拜的休假。他老早就计划好要利用这个机会到一个风景秀丽的观光胜地去,泡泡音乐厅,交些朋友,喝些好酒,随心所欲地休憩一番。

临行前一天下班回家,他十分兴奋地整理行装,把大箱子放进轿车的车厢里,第二天早晨出发前,他打电话给他母亲,告诉她去度假的主意。母亲说:

"你会不会顺路经过我这里,我想看看你,和你聊聊天。我们很久没有团聚了。"

"妈妈,我也想去看你,可是我忙着赶路,因为同人家已约好了见面时间的。"

当他开车正要上高速公路时,忽然记起今天是母亲的生日。于是他绕回一段路,停在一个花店门口,打算买些鲜花,叫花店给母亲送去。他知道母亲最喜欢鲜花。

店里有个小男孩,正挑好一把玫瑰在付钱。小男孩面有愁容,因为他发现所带的钱不够,少了10元钱。

他问小男孩:"这些花是做什么用的?"

小男孩说:"送给我妈妈,今天是她的生日。"

他拿出钞票为小男孩凑足了花钱。小男孩快乐地说:"谢谢你,先生。我妈妈会感激你的慷慨。"

他说:"没关系,今天也是我妈妈的生日。"

小男孩满脸微笑地抱着花转身走了。

他选好一束玫瑰、一束康乃馨和一束黄菊花。付了钱,给花店老板写下母亲的地址,然后发动车,继续上路。

仅开出一小段,转过一个小山坡时,他看见刚才碰到的那个小男孩跪在一个小墓碑前,把玫瑰花摊放在碑上。小男孩也看见他,挥手说:"先生,我妈妈喜欢我给她的花,谢谢你,先生。"

他将车开回花店,找到老板,问道:"那几束花是不是已经送走了?"

老板摇头说:"还没有。"

"不必麻烦你了,"他说,"我自己去送。"

与你共品
yu ni gong pin

读完微型小说《花》,一种温馨的情感自然在心中涌动。爱,我们渴望得到,我们也希望能够给予。人生需要有亲情,无论是少年、中年,还是老年,又有谁不希望亲情的呼唤呢?作者以一种近乎白描式的客观叙述的态度,"漫不经心"地演绎出一个小小的生活片段,却让人陶醉在亲情的美好中。

文似看山不喜平。文章要有波澜,要出人意料,这是不言而喻的,虽出人意料之外,还必须在情理之中。而小说《花》正是一篇有情有理的文章。

感人的题材无需用多大的技巧去写就能震撼人的心灵,与读者产生共鸣。作品没有细腻的描绘,全是平实的叙述,甚至连主人公的外貌描写也没有,但读来形象生动,富有独特的艺术感染力。小说中小男孩虔诚的行动不仅感动了"他",同样,也感动着我们的读者,让我们从中学会怎样去爱自己的母亲!

品味爱的真谛

个性独悟
ge xing du wu

★本文对人物的描写采用了哪些方法？本文侧重于从哪几方面来表现人物？

★小说刻画人物心理的方法有很多，有直接写人物的思想活动的，有通过人物行为动作表现内心世界的，本文是用什么方法来表现人物心理活动的？

★作者在文中要着力表现的一个字是什么字？

★文中最可爱的人物是小男孩，为什么说是他？

快乐阅读
kuai le yue du

孝心无价 / ··· 毕淑敏

　　我不喜欢一个苦孩子求学的故事。家庭十分困难，父亲逝去，弟妹嗷嗷待哺，可他大学毕业后，还要坚持读研究生，母亲只有去卖血……我以为那是一个自私的学子。求学的路很漫长，一生一世的事业何必太在意几年蹉跎？况且这时间的分分秒秒都苦涩无比，需用母亲的鲜血灌溉！一个连母亲都无法挚爱的人，还能指望他会爱谁？把自己的利益放在至高无上位置的人，怎能成为为人类献身的大师？

　　我也不喜欢父母病在床，断然离去的游子，无论你有多少理由。地球离了谁都照样转动,不必将个人的力量夸大到不可思议的程度。在一位老人行将就木的时候,将他对人世间最后的期冀斩断,以绝望之心在寂寞中远行,那是对生命的大不敬。

我相信每一个赤诚忠厚的孩子,都曾在心底向父母许下"孝"的宏愿,相信来日方长,相信水到渠成,相信自己必有功成名就衣锦还乡的那一天,可以从容尽孝。

可惜人们忘了,忘了时间的残酷,忘了人生的短暂,忘了世上有永远无法报答的恩情,忘了生命本身有不堪一击的脆弱。

父母走了,带着对我们的深深的挂念。父母走了,遗留给我们永无偿还的心情。你就永远无以言孝。

有一些事情,当我们懂得的时候,已不再年轻。世上有些东西可以弥补,有些东西永远无法弥补。

"孝"是稍纵即逝的眷恋,"孝"是无法重现的幸福。"孝"是一失足成千古恨的往事,"孝"是生命与生命交接处的链条,一旦断裂,永无连接。

赶快为你的父母尽一份孝心。也许是一处豪宅,也许是一片砖瓦。也许是大洋彼岸的一只鸿雁,也许是近在咫尺的一个口信。也许是一顶纯黑的博士帽,也许是作业簿上的一个红五分。也许是一桌山珍海味,也许是一颗野果一朵小花。也许是花团锦簇的盛世华衣,也许是一双洁净的旧鞋。也许是数以万计的金钱,也许只是含着体温的一枚硬币……

但"孝"的天平上,它们等值。

只是,天下的儿女们,一定要抓紧啊! 趁你父母健在的光阴。

与你共品

毕淑敏,当代著名作家。她善于将敏锐的笔触伸到普通人的生活里去,发现闪光点,从而照亮人的思想与生活。本文向我们讲述了如何行孝以及及时行孝的道理,阅读本文时把握文中排比句式对表达主题的作用。

个性独悟
ge xing du wu

★文章第三自然段中一共用了四个"相信",它们的主语(陈述对象)一共有几个?都是谁?请在原文中找出来。

★作者说他不喜欢"苦孩子求学的故事","也不喜欢父母病在床,断然离去的游子"。那么,他对那些"赤诚忠厚"而准备"从容尽孝"的孩子持何态度呢?

★作者对求学的苦孩子和断然离去的游子都做了道德上的评价,请从文章中摘录出这方面的语句。

★作者主张如何尽孝心,请从原文中找出一个最恰当的词语来概括,并说出它出自文章哪一个自然段。

★请从文章中摘录出两组富有一般哲理意义的格言式的句子来。

快乐阅读
kuai le yue du

天堂回信 / · · · [美]马戈·法伊尔

1993年10月的一个清晨,朗达·吉尔看到4岁的女儿戴瑟莉怀中放着九个月前去世的父亲的照片。"爸爸,"她轻声说道,"你为什么还不回来呀?"

丈夫肯的去世已经让她痛不欲生,但女儿的极度悲伤更是令她难以忍受,朗达想,要是我能让她快乐起来就好了。

戴瑟莉不仅没有渐渐地适应父亲的去世,反而拒绝接受事实。"爸爸马上就会回家的,"她经常对妈妈说,"他现在正上班呢。"她会拿起自己的玩具电话,假装与父亲聊天儿。"我想你,爸爸,"她说,"你什么时候回来呀?"

肯死后朗达就从尤巴市搬到了利物奥克附近的母亲家。葬礼过去近两个月,戴瑟莉仍很伤心,最后外祖母特里施带戴瑟莉去了肯的墓地,希望能使她接受父亲的死亡。孩子却将头靠在墓碑上说:"也许我使劲听,就能听到爸爸对我说话。"

1993 年 11 月 8 日本该是肯的 29 岁生日。"我们怎么给我爸爸寄贺卡呀?"戴瑟莉问外祖母特里施。

"我们把信捆在气球上,寄到天堂去怎么样?"特里施说。戴瑟莉的眼睛立刻亮了起来。

她选了一个画着美人鱼的气球,图案的上方写着"生日快乐"。以前戴瑟莉经常和爸爸一起看美人鱼的录像。

在墓前摆放鲜花时,戴瑟莉口述了一封给爸爸的信。"生日快乐,我爱你,想念你,"她说道,"但愿你在天堂能收到这个气球,在我 1 月份过生日时给我写回信,好吗?"

特里施将那段话和她们的地址记在了一张小纸片上,裹上一层塑料,最后戴瑟莉放飞了那只气球。

她们就看着那个闪亮的光点慢慢地越飘越远、越变越小,戴瑟莉却兴奋地喊道:"看啊,爸爸收到我的气球了!"才不过几分钟,那气球就不见了。"现在爸爸要给我写回信了。"戴瑟莉说着向汽车走去。

在一个寒冷、微雨的 11 月的早晨,在加拿大东面的爱德华五子岛上,32 岁的维德·麦金农准备出去打猎。他是一位森林管理员,与妻子和三个孩子住在美人鱼镇上。

但那一天他没有去经常打猎的地方,而突然决定去两英里外的美人鱼湖。在岸边的灌木丛中,他发现杨梅树丛的枝条钩住了一只银色的气球,上面印着美人鱼的图案,线的顶端系着一张包着塑料的小纸条,已经被雨浸湿了。

回到家,维德小心地将潮湿的纸条摊开晾干。妻子唐娜回来时,维德给她看了气球和纸条,上面写着:"1993 年 11 月 8 日,生日快乐,爸爸……"通信地址是加利福尼亚利物奥克。

"现在才 11 月 12 号,"维德说,"仅仅四天这只气球就飞越了 3000 英里!"

"而且你看,"唐娜说着将气球翻了过来,"气球上印着美人鱼的图案,又正好落在了美人鱼湖边。"

"我们应该给戴瑟莉写封信,"维德说,"也许我们命中注定要帮助这个小姑娘。"

在沙勒特镇的书店里,唐娜·麦金农买了一本改编的《小美人鱼》。圣诞节过后几天,维德又买回了一张生日卡,上面写着:"给我亲爱的女儿,温馨的生日祝福。"

1994 年 1 月 3 日,唐娜坐下来给戴瑟莉写了封信,然后将信夹在贺卡中,与书装在一起寄了出去。

1 月 19 日的傍晚,麦金农夫妇的包裹到了,那时朗达和戴瑟莉已经回尤巴市了,特里施决定第二天再送过去。

那天晚上特里施看电视时,怀着好奇心,她打开了包裹,先是看到一张贺卡,上面写着:"给我亲爱的女儿……"

第二天清晨 6 点 45 分,哭红了眼睛的特里施将汽车停在朗达的门前。特里施说:"戴瑟莉,这是送给你的,"特里施将包裹放在她手里,"是你爸爸寄来的。"

"代你爸爸祝你生日快乐,"特里施念道,"我想你一定会奇怪我是谁。其实一切都是从我丈夫维德 11 月去打野鸭的那一天开始的。你猜他发现了什么?是你寄给爸爸的美人鱼气球……"特里施停了一下,发现戴瑟莉的脸颊上闪烁着一颗泪珠。"天堂里没有商店,但你爸爸希望有人能帮他给你买一份礼物,所以他就选中了我们。因为我们就住在一个叫作美人鱼的镇上。"

特里施继续读着:"我知道你爸爸一定希望你能快乐,而不要为他伤心;我知道他非常爱你,并会一直注视着你的成长。爱你的:麦金农夫妇。"

特里施读完看着戴瑟莉。"我知道爸爸不会忘记我的。"孩子说。

特里施眼里含着泪水,搂着戴瑟莉又读起了麦金农夫妇送的那本《小美人鱼》,这个故事与肯给戴瑟莉读过的那本有些不同,以前那本讲的是小美人鱼后来幸福地与英俊的王子生活在一起,而在这一本中,邪恶的女巫割断了小美人鱼的尾巴,杀死了她,三个天使将她带走了。

特里施读完,担心悲惨的结局会使外孙女伤心,但戴瑟莉却快乐地用双手托住了脸颊。"小美人鱼进天堂了!"她喊道,"爸爸送给我这本书,因为小美人鱼就像爸爸一样进了天堂!"

2 月中旬麦金农夫妇收到朗达的来信:"1 月 19 日收到你们寄来的包裹时,我女儿的梦想实现了。"

如今戴瑟莉每次想要和爸爸说话时,就会打电话给麦金农夫妇,只有这种方式能安慰她幼小的心灵。

"人们都对我说:'气球能落到那么远的美人鱼湖边,简直太巧了。'"朗达说,"但我知道是肯挑选了麦金农夫妇将自己的爱带给戴瑟莉,她现在懂得了父亲的爱会一直陪伴着她。"

与你共品
yu ni gong pin

这是一篇感人至深的文章。作者取材于生活中真实的故事,年仅四岁的女孩戴瑟莉不相信自己的父亲去世的事实,每天充满着希望,企盼父亲的归来。作者笔端下的人物一下就突出出来。紧接着作者从女儿母亲的角度来扩展故事的情节,作为母亲,在失去丈夫后已经痛不欲生,悲痛欲绝,然而更让她雪上加霜的是女儿思念父亲的现实,她不知如何做才好。外祖母带着戴瑟莉去了墓地,以此让她相信这个事实,不料戴瑟莉却和父亲对话,这一情节的出现既是意料之外又是情理之中,足以表现女儿思父之心切,正是由于急切的心情才有想到死,以达到和父亲在一起的目的。由此看出作者巧妙的构思,这是这一篇文章的独到之处。此外,全文记事线索极为清楚,以时间为序,按事件发展过程顺序,使事件完整、清晰。同时作者在叙述过程运用多种方法,如人物的对话、人物的心理描写,把人物写得栩栩如生,生动感人。另外作者以戴瑟莉思念作为全文的中心内容,围绕这一中心内容,涉及了母亲、外祖母以及被感动的麦金农夫妇。全文的语言极富有个性化、朴实的特点,反映出异国民情风俗。如果说"天堂"在哪里?那么文章告诉你"天堂"就在人间,在人间真情的心里。

个性独悟
ge xing du wu

★从文中第一自然段里,哪些词语、语句中表达对"爸爸"的思念?丈夫的去世使她痛不欲生,然而什么事更令她难以忍受呢?

★通过维德·麦金农获得气球，与戴瑟莉放飞寄贺卡的气球这一过程，回答作者在构思上的特点？

★戴瑟莉的母亲说："我女儿的梦想实现了"，这里的"梦想"指什么？

★戴瑟莉幼小的心灵是如何得到安慰的？天堂真的回信了吗？对此你如何理解"天堂回信"？

快乐阅读

kuai le yue du

清明雨——遥祭母亲 / ···黄河浪

这些天来，断断续续地，下了几场雨，本已转暖的天气，忽又变得凄凄冷冷、阴阴沉沉。只见潮湿的云压住山头迷濛的雾笼着楼头，于是有一种淡淡的悲哀，如烟霭氤氲在心头……依稀想起，这纷纷扬扬的细雨，该也会洒在几千里外母亲的墓上，像我心中的泪，一滴滴从草尖滚下来，打湿了那片深褐色的泥土。有许多年没有到母亲墓前拜祭了，那里长满了青青的杂草吧？也开着小小的白色的清明花吗？或许还有一团团殷红的杜鹃，如母亲当年呕出的热血……

被这种悠长的思情所缠绕，夜里辗转反侧，似睡似醒，任淅淅沥沥的雨点飘入梦中。矇矇眬眬觉得，自己正睡在老家的小阁楼上，听雨打屋瓦滴滴答答的声音，仿佛又回到幼年的日子，如此清晰地感觉到了母亲的叹息，如此接近地听到母亲的啜泣……我霍然从床上坐起，想寻找母亲的影子，却只有四面的黑暗，紧紧地包围着我；只有冰凉的雨丝，由窗口斜飘进来，打在我脸上……

从我刚懂事那时开始，见到母亲成年累月躺在病床上，她才20多岁，就患了肺痨病，以当年乡下的医疗条件，这是一种不治之症。在我的记忆里，只有苍白的脸色，失神的眼睛，瘦骨嶙峋的身体，一阵阵吃力的咳嗽……母亲睡的是旧式的红漆大床，用乡下织造的粗麻蚊帐围住。平时由于大人的告诫，我幼小的心中产生一种恐惧，不敢到母亲的床边去；而母亲似乎也害怕将病传染给我,很少跟我说什么,只是有时从蓝地白花的棉被里,伸出青灰色的手,招我到床前的踏板上,用泪盈盈的双眼默默注视着我,用瘦纤纤的手指轻轻抚摸我的头……也许她有很多话想对我说而说不出来,也许她曾对我说过很多话,而我却由于年纪太小没有记住。今日回想起来,我感到万分痛苦和悔恨,恨自己为什么不快一点儿懂事,替母亲分担忧愁和悲哀?

母亲生于县城附近一个小村子里,大约读过几年小学。那时乡下人早婚,才十六七岁就同父亲结了婚,不久之后,我父亲跟着祖父到南洋去谋生,几年才能回家一次。因此,母亲年轻轻的,就尝透了离别的痛苦和思念的辛酸!她后来得病,可能也跟这些有关吧!

20世纪40年代初,太平洋战争爆发,日寇占领了南洋各地。原来当船员的父亲回到家乡,因交通阻隔,就滞留不走了,只能靠种两亩薄田,养活一家人。有时半夜三更,到几十里外的海边挑私盐,翻山越岭躲过关卡,换来一些血汗钱度日。那些日子,母亲总是睡不安稳,深夜起身,对着一盏小小的煤油灯发呆,提心吊胆地等待父亲回来,生怕出什么意外。有时我夜半醒来,睁开蒙眬的双眼,只见母亲巨大的身影,一动不动地印在灰白的粉墙上。

那几年是我们家最艰难的日子,年老的祖父缠绵病榻,后来又发现母亲患上肺痨,卧床不起,一家人都笼罩在愁云惨雾之中。

母亲原生有四个子女,但由于当时家境困难,不得已忍痛将我的二妹、三妹抱给别人收养。二妹是送给同县一对没有生育的老年夫妇当女儿,记得后来母亲曾叫我去看过她一次。大约是离家久了,变得陌生了吧?二妹用一种怯生生的眼神望我,吱不出声。我把自己玩的小皮球送给她,她才稍微显得活跃一点,在大人们的催促下,忸怩地嗫嚅着,低低叫一声:"哥哥……"过了一些日子,不知怎的,竟然听说她夭折了!我想不明白,这样小小的年纪,怎么会跟死亡连在一起?也许离开自己的父母兄姐到别人家去,总觉得不习惯吧?也许没有熟悉的小伙伴一起玩,感到孤独和寂寞吧?二妹已不会告诉我,我也永远找不到答案。

至于三妹,一生下不久,就抱给教会的"育婴堂"去,从此以后,再也见不到面,而且音讯断绝,杳无踪影。后来听说,这种"育婴堂"根本不负责任,每天都有许多死婴,叫人用箩筐装着,挑到山上偷偷埋掉!我这位三妹,恐怕十之八九也早已不在人间了……

那时我还很小,还不能深刻体会失去亲人的悲哀,只觉得怅然若失。而我那苦难的母亲,在沉重的疾病之外,又如何承受这一连串精神打击呢?眼睁睁看着自己的亲生女儿被人抱走,无可奈何地任凭利刃剜去心头的肉,母亲的痛楚和悲伤有谁能了解和安慰呢? 父亲在日本投降后再度出洋当船员,在茫茫大海上漂泊无定;母亲身边只有我和大妹妹,又都不懂事。因此,这巨大的痛苦和灾难完全压在母亲瘦弱的肩膀上……

终于挨到那一天,再也撑持不住了,母亲心力交瘁地闭上眼睛,永远不再睁开。正像俗语所说:祸不单行,前后相距不到一个月,我的祖父和母亲相继去世了! 两副漆得通红的棺材摆在后厅,浓重的油灰气味令人窒息。听着亲人们呼天抢地的痛哭声,我的眼中也涌出悲伤的泪水。那年我才 6 岁,只模糊地知道,今后再也见不到母亲的脸了,母亲就这样默默地离开我们了!

不幸生于战火纷飞的年代,又不幸嫁入经济拮据的贫困家庭,年纪轻轻就饱受人生种种折磨,过早地撒手尘寰。令人叹息的是,母亲死时只有 30 岁,三十个春秋轮转,就碾碎了她弱小的生命! 后来我无意间拉开母亲的抽屉,在遗物中发现了她的小学课本,里面有嫦娥奔月等神话故事。母亲生前,大约也有过许多天真的幻想和美丽的憧憬吧? 我还看到一本油印的"抗战歌声",病弱的母亲,也许和姐妹们一起,唱过那血泪交织的战歌……但我却不可能听到了!

我只记得,也在一个阴凄凄的雨天,母亲和祖父一起出殡。我哭喊着,跌跌撞撞地跟在后面,沿着湿滑的石板路走上山去。那悲惨的日子,老天也不忍见,垂下了行行泪水吗? 纷飞的雨点,湿了我的头发,透了我的麻衣,直冷到心里去……

祖父生前在荒山上找了一块小小的墓穴,这时就草草掩埋在那里。而母亲,却连一片葬身之地也没有! 只是在废弃的水碓磨坊的断墙边,搭起一个狭窄的"停厝",作为暂时停枢之用。

哗哗溪水从磨坊的废墟旁流过去,呼呼的山风从石砌的断墙上卷过去,母亲的棺木孤零零地停在那里,一晃就是许多年。每当我上山干农活经过那里,总要拐到墙后,在母亲的灵前默默站一站,每年清明节,我也总会带一些纸箔到那里烧烧,并且用小石子压一叠在棺木的头上。

后来离开家乡到外地读书、工作,就不能年年清明回去祭扫了。再过几年,家庭境况稍好一些,才另外找了一块墓地为母亲下葬,虽不过是一抔黄土,聊具墓形,也总算入土为安了。

如今,这飘飘洒洒的细雨又淋湿了清明时节。屈指算来,母亲辞世已经三十多年了! 而我却羁留在遥远的异乡,无法亲自到母亲的墓前拜祭。隔着雨,隔着雾,隔千重万重山,我只能默默北望,并在夜深人静后,让缠缠绵绵的雨声,织起无边的愁绪。写下这些忆念的文字,遥祭我那受尽苦难的可怜的母亲。

与你共品
yǔ nǐ gòng pǐn

清明节是我国纪念死去的亲人的日子,作者在这一日,在母亲去世三十多年后,在遥远的异乡缅怀着苦难一生的母亲。文章结构严谨,语言质朴,情感真挚,牵得我们的心很痛,很疼。

个性独悟
ge xing du wu

★第一段画线句和后文哪些句子形成照应,作用是什么?

★母亲生前受尽苦难,死后也悲楚可怜,体现在哪件事上?

★母亲去世时,作者只有6岁,母亲在时,记忆中的她也总是伏在床上,为什么三十多年后的清明节,我仍是泪满襟、情满怀呢?

快乐阅读
kuai le yue du

我和橘皮的往事/···梁晓声

多少年过去了,那张清瘦而严厉的,戴600度黑边近视镜的女人的脸,仍时时浮现在我眼前,她就是我小学四年级的班主任老师。想起她,也就使我想起了一些关于橘皮的往事……

其实,校办工厂并非是今天的新事物。当年我的小学母校就有校办工厂。不过规模很小罢了。专从民间收集橘皮,烘干了,碾成粉,送到药厂去。所得加工费,用以补充学校的教学经费。

有一天,轮到我和我们班的几名同学,去那小厂房里义务劳动。一名同学问指派我们干活的师傅,橘皮究竟可以治哪几种病?师傅就告诉我们,可以治什么病,尤其对气喘和减缓支气管炎有良效。

我听了暗暗记在心里。我的母亲,每年冬季都被支气管炎所苦,经常喘作一团,憋红了脸,透不过气来。可是家里穷,母亲舍不得花钱买药,就那么一冬季又一冬季地忍受着,一冬季比一冬季气喘得厉害了。看着母亲那种痛苦样子,我和弟弟妹妹每每心里难受得想哭。我暗想,一麻袋又一麻袋,这么多这么多橘皮,我何不替母亲带回家一点儿呢⋯⋯

当天,我往兜里偷偷揣了几片干橘皮。

以后,每次义务劳动,我都往兜里偷偷揣几片干橘皮。

母亲喝了一阵子干橘皮泡的水,剧烈喘息的时候,分明减少了。起码我觉着是那样。我内心里的高兴,真是没法儿形容。母亲自然问过我——从哪儿弄的干橘皮?我撒谎骗母亲,说是校办工厂的师傅送给的。母亲就抚摸我的头,用微笑表达她对她的一个儿子的孝心所感受到的那一份儿欣慰。那乃是穷孩子们的母亲们普遍的最由衷的也是最大的欣慰啊⋯⋯

不料想,由于一名同学的告发,我成了一个小偷,一个贼。先是在全班同学眼里成了一个小偷,一个贼。后来是在全校同学眼里成了一个小偷,一个贼。

那是特殊的年代。哪怕小到一块橡皮,半截铅笔,只要一旦和“偷”字连起来,也足以构成一个孩子从此无法刷洗掉的耻辱,也足以使一个孩子从此永无自尊可言。每每的,在大人们互相攻讦之时,你会听到这样的话——“你自小就是贼!”——那贼的罪名,却往往仅由于一块橡皮,半截铅笔。那贼的罪名,甚至足以使一个人背负终生。即使往后别人忘了,不再提起了,在他或她内心里,也是铭刻下了的。这一种刻痕,往往扭曲了一个人的一生,改变了一个人的一生,毁灭了一个人的一生⋯⋯

在学校的操场上,我被迫当众承认自己偷了几次橘皮,当众承认自己是贼。当众,便是当着全校同学的面啊⋯⋯

于是我在班级里,不再是任何一个同学的同学,而是一个贼。于是我在学校里,仿佛已经不再是一名学生,而仅仅是,无可争议地是一个贼,一个小偷了。

我觉得,连我上课举手回答问题,教师似乎都佯装不见,目光故意从我身上一扫而过。

我不再有学友了。我处于可怕的孤立之中。我不敢对母亲讲我在学校的遭遇和处境,怕母亲为我而悲伤……

当时我的班主任老师,也就是那一位清瘦而严厉的,戴600度近视镜的中年女教师,正休产假。

她重新给我们上第一堂课的时候,就觉察出了我的异常处境。

放学后她把我叫到了僻静处,而不是教员室里,问我究竟做了什么不光彩的事?

我哇地哭了……

第二天,她在上课之前说:"首先我要讲讲梁绍生(我当年的本名)和橘皮的事。他不是小偷,不是贼。是我叮嘱他在义务劳动时,别忘了为老师带一点儿橘皮。老师需要橘皮掺进别的中药治病。你们再认为他是小偷,是贼,那么也把老师看成是小偷,是贼吧!……"

第三天,当全校同学做课间操时,大喇叭里传出了她的声音。说的是她在课堂上所说的那番话……

从此我又是同学的同学,学校的学生,而不再是小偷不再是贼了。从此我不想死了……

我的班主任老师,她以前对我从不曾偏爱过。以后也不曾。在她眼里,以前和以后,我都只不过是她的四十几名学生中的一个。最普通的最寻常的一个……

但是,从此,在我心目中,她不再是一位普通的老师了。尽管依然像以前那么严厉。依然戴六百度的近视镜……

在"文化大革命"中,那时我已是中学生了,没给任何一位老师贴过大字报。我常想,这也许和我永远忘不了我的小学班主任老师有某种关系。没有她,我不太可能成为作家。也许我的人生轨迹将彻底地被扭曲、改变,也许我真的会变成一个贼,以我的堕落报复社会。也许,我早已自杀了……

以后我受过许多险恶的伤害。但她使我永远相信,生活中不只有坏人。像她那样的好人是确实存在的……因此我应永远保持对生活的真诚热爱啊!

品味爱的真谛

与你共品

yu ni gong pin

　　梁晓声,当代著名作家,以短篇小说见长,亦有一些散文较有影响。《我和橘皮的往事》是一篇回忆性文章,作者以毫不张扬的笔触向我们描绘了他小学时的班主任老师,甚至连老师的姓名都未曾提起,但"这一个"老师被读者接受了,与鲁迅的老师、魏巍的老师、冰心的老师、余秋雨的老师共同构建了文学作品中老师的群像,又各有不同。向我们展示了知名作家小学生的事情。作品取名别致新颖,行文朴实毫无雕饰,对老师的拳拳之心泻于笔端。

个性独悟

ge xing du wu

　　★"多少年过去了"但"仍时时浮现在我眼前"说明了什么?

　　★怎样理解"我听了暗暗记在心里"的举动?为什么会产生"我何不替母亲带回家一点儿呢"这种想法?为什么说"带"而不是"偷"呢?

　　★母亲剧烈的喘息分明减少了,那么补充"起码我觉着是那样"一句是否有必要?"高兴得无法形容"与上文哪一句相对应?

　　★"母亲自然问过我"说明了什么?文中的两个"欣慰"说明了一个怎样的母亲?

　　★文中出现三次对老师肖像的描写,"清瘦而严厉,戴六百度黑边近视镜……",这三处描写在情感上是否有变化?

幸福的第六根手指

善意的谎言/···郭 龙

　　玲子放学回家,已是万家灯火。"今儿咋回来这么晚?有啥心思?"望着为自己操碎了心的父亲,想着早逝的母亲,玲子欲言又止……

　　第二天,星期日。父亲照例大清早就起床,说是厂里加班。临出门前,给玲子扔下20元钱:"好好温习功课,别总为零花钱犯愁。好在我那工厂效益还可以。"接过钱,玲子一阵感动:知我者,老爸也!可旋即她又不安起来:这样一次次蒙骗父亲,于心何忍? 忽然她又似乎想起了什么,飞快地展纸提笔:

　　来信已阅。本想早些给你回信,无奈本月攒下的钱不多。知道你的难处,阿芳,千万别辍学,相信你爸爸的病一定会好起来的,一切都会好的! 下次可别再说什么"连累"了,芸芸众生,偏巧让你成为我的帮扶对象,难道不是缘分? 随信邮去20元钱,望查收。

　　写完信,玲子又飞车驶向邮局。一切办妥,走出邮局大门,玲子这才舒了口气,总算又缓解了阿芳的燃眉之急! 可下次,下次呢? 想到下次,玲子不禁又烦躁起来:为了自己,父亲一直拒绝再娶,他一个人支撑这个家,已经够难了……

　　玲子推着自行车,在小集上漫无目的地走着。"有了!"忽然玲子一拍脑袋,"怎么就没想到利用星期日去小吃店打打杂呢? 洗碗、择菜……或许能挣几个钱呢!"这样想着,玲子快步走到最边上的一家小吃店:

　　"师傅,需要打杂的吗?"玲子探头询问。师傅一抬头,玲子怔住了。

　　"爸,怎么是你?"父亲先是一愣,继而问道:"玲儿,你要打杂? 爸爸虽然下岗了,可爸难道连你也养不活吗?"

　　"下岗了? 爸,你为啥不早说呢?"玲子感到一阵揪心的痛,"你若早说,我也不会每月平白无故地多要零花钱了!"

　　"平白无故? 你那还不是为了灾区的阿芳!"父亲动情地说,"自从看到那张被你扔在纸篓里的帮扶对象情况调查表,爸心里也急啊! 我虽不走运,可有人比咱家更不幸啊! 人心都是肉长的嘛!"

　　"你真是天底下最伟大的父亲!"玲子感动地扑向父亲的怀抱!

【简　评】
jian　ping

　　本文作者构思巧妙,以"谎"为题,一箭双雕:女儿一心救济他人,对父亲说谎;父亲下岗,却隐瞒真相,对女儿说谎。最后小作者又巧妙地让这善意而又美丽的谎言大白于小吃店这一特定的环境,使文章达到高潮,感人至深。

　　文章结构严谨,思路缜密。心理描写真实、细腻,语言描写极富个性。最后一句,紧收全文,有画龙点睛之效。

温　暖/···钟　燕

　　"呼呼呼"的寒风一直刮着,没停过。也不知什么时候,下起了大雨。窗户"咯咯"响着,不知是风吹的,还是雨打的。坐在书桌旁的我,不由打了个寒战——冷极了。无奈中,我只得往灶边挤。

　　灶膛中,火焰轻舔着冒烟的锅儿,我扔了一把柴,火顿时大了,映得我的脸红通通的,全身暖和,真舒服。我想这便是人们所说的"冬天里的一把火"那种温暖价值吧!望着灶中那红色的火光,我的思绪油然回到了从前小时候,每值冬天,太公总爱抱着我做饭。说真的,那时真好,坐在太公的膝盖上,听他讲"白雪公主",讲"大灰狼",等等。在温暖的灶边,我懂了许多,也开始慢慢长大。尤其是那一幕,让我真正明白了冬天的温暖,不止这灶边的那把火……

　　那天,风依旧,火依旧,人亦依旧。也许,童年的我不听话,也许爸爸请的泥匠没水平。我坐在太公膝盖上,脚不太听使唤,往灶上踏。开始没问题,大概是我运气不佳,"轰"的一声,灶膛给踩塌了,当然,我的脚也得受罪了。我一时没反应过来,也不知道躲避,只一个劲地喊。可是,为时已晚,我的脚底受伤了,几乎脱了层皮,疼得死去活来。真可谓"痛不欲生"哪,何况我还只是个黄毛丫头。

　　当时我哭了,太公也急了。他那当时的眼神儿,让人难忘。目光中,是心疼,是怜爱,是……反正说不上来。也许我的哭声揪住了太公那颗爱我的心。他抱起我,没往医院跑,而将我轻轻放在床上,拿来纱布和一些不知叫什么的东西。我知道,那一定是消毒的东西。毕竟,太公略懂医术。他在为我包扎时,一个劲儿地问我:"疼吗?"足足有几十次。我望了望他,寒冷的天气,他的额头居然冒出了黄豆大的汗珠。我明白了,那不是热,而是心痛,痛得出了汗。我止住哭声,希望太公别太……好不容易,包扎好了,他一把抱住我,握住我冰冷的双手,眼中带着那么丁点儿的血丝,从未流过泪的太公哭了。"还疼不疼,孩子?"我点了点头,他把我抱得更紧了。此刻,我真温暖。是太公将体温温暖了我幼小的心房。

自此以后,太公从未把我带到灶边。我冷的时候,他总是抱着我,希望用自己来温暖自己的玄孙女。

三年后的冬天,太公走了,离开了我们,离开了这个世界,去了没有寒冷的天堂。在临走前,他还紧紧握着我的手,大概是希望把他的最后一丝温暖送给自己最疼爱的孩子。我哭了……

在我的记忆里,灶膛前的冬天并不寒冷,反而有一种任何人都能体会得到的温暖,一种温馨而甜美的温暖——爱。

【简 评】

真情可以浸润人的心灵。此文朴实自然,"温暖"如一道清溪缓缓流淌,"润物细无声"。

文贵真情,真情主要是通过具体生动的描述来表达的,而不是光靠空泛的抒情和议论。写太公"抱着我做饭",给"我"讲故事,极平凡但却充满着温暖;尤其是写自己烫伤后太公的神态、目光、语言、心理,对太公最后的细节动作的描写,以小见大形象而深刻地凸现了他那诚挚的爱。这种爱永暖心怀,也加深了文章的感染力。

街 口 / ··· 李 想

每次走到那个街口总会有两个人,一个是姑夫,一个是爷爷。爷爷那时候很魁梧,每一根头发都竖在头上,他们在街口仔细地看着每一辆车,每一个从车上下来的人,有时看看表,才说句:"怎么还不来?"终于,在夕阳的余晖中,我和爸爸从最后一班车上跳下来。爷爷和姑夫马上迎上来,一边把为数不多的行李全部抢走,还一边埋怨来得太晚。

那时候,爷爷一个人就能提两个大箱子,但他只提一个,还要空出一只手拉着我。奶奶因为腿不好所以走不了很远,一听到狗叫就会到门外去看。以前到家后奶奶就从妈妈手里抱过我,爱不释手,现在就只能仰着头看看我,问问这,问问那。

每天早晨我起来时,爷爷就已经遛狗回来了,每次说好和爷爷一起去,可总是因为早晨起不来,没有兑现。起来以后我就喜欢坐在平房上,一边晒太阳,一边听河水潺潺,一边再想点儿什么。吃饭时,爷爷就端两碗面叶子来平房上,和我一起吃。我总感觉和爷爷之间没有什么距离。

老家房子旁边有条小河,有时我和哥哥就缠着爷爷带我们去游泳。

午睡时间,我和姐姐们都出去玩。有一次,我和姐姐溜回家来,我看到熟睡的爷爷,就把爷爷的老花镜给他戴上了,姐姐不理解,我说:"这样爷爷做梦时就能看清楚点了。"

过年是最好玩的,奶奶打发我和爷爷去糊春联,上一年的春联颜色掉光了,可纸却死死地粘在上面。用水把纸浸湿后,用小铲一点点地铲去,再用糨糊糊上新春联。爷爷说糊糊好吃,并用手指挖一点放进嘴里,做出很好吃的样子。我学着做,发现并不好吃。爷爷说他小时候连这都吃不上。回到家,奶奶和姑姑姐姐们正在做饭。爷爷拿起一支毛笔在一张黄纸上写东西,好像是什么"天地三界,十方万灵……"之类的,还写着李××、李××、李××……奶奶说,这些都是爷爷的爷爷,爷爷的爷爷的爷爷……把纸贴在一个牌子上,点上烛和香,供上水果食物。有时我和哥哥偷偷去拿一炷香去放鞭炮。家家都有大量花炮和大挂的鞭。每到晚上,邻居都互相比着,谁放得多,谁放的响。鞭炮声此起彼伏,盖过了狼狗的叫声。爷爷带着我到村头去,拿一把纸钱,点上,说这是给前人烧的。回家后,院子里也点上一些纸钱;然后用小杯的白酒先在旁边浇一回,最后浇中间。最先端出的饺子供给什么神。大家再吃饺子看电视。吃完后,小孩子们就开始磕头,然后大人们就给我们压岁钱,爷爷给我的最多。

爷爷是搞建筑的,以前经常带着叔叔去烟台、威海、荣成干活。钱是挣了不少,可是拿不回来。人家不给工钱,所以到了暮年就经常去要钱。几万块钱对于爷爷奶奶来说可不是小数目。官司是赢了不少,可没人执行。老人们的生活就靠儿女们。好在姑姑、爸爸、叔叔都很孝顺,每次回家,都会给老人们带些钱,但爷爷奶奶的生活仍不算好。但尽管这样，爷爷奶奶却觉得都活得不错。不知从什么时候开始，爷爷不大爱吃饭，然后就发烧，住了院。在镇医院治疗了一段时间，又转到济南来了。

那一幕仿佛就在眼前。车停在楼下，姑夫、爸爸把爷爷从车里扶出来，两个人架着他，一小步一小步地往前走，从车里走到楼下传达室用了十几分钟。爷爷说，要在椅子上坐坐，大家就等着。好不容易到了家，爷爷在我屋的床上躺着。我把练的毛笔字拿给爷爷看，爷爷说我可以替他在过年时供奉的那张黄纸上写字了。吃饭时，爷爷吃不下去就靠奶奶喂他。可是吃下去的又都吐出来了。

在医院里，爷爷的病情一天天地恶化，他的身上缠着各种管子，腹水一天天加重。

不知从什么时候起，那张黄纸上多了一个名字；不知从什么时候开始大山上多了一个土丘；也不知从什么时候起，街口再也看不到那个魁梧的身影了。

【简 评】

作者以朴实的语言、真挚的感情回忆了和爷爷在一起的点点滴滴，平淡的叙述中流露着对爷爷深深的怀念之情。文中："吃饭时，爷爷就端两碗面叶子来平房上，和我一起吃……""爷爷带我们去游泳……"可谓真情可以浸润人的心灵，它并不需要着力地渲染，这是本文给人的启示。

麦收时节 / ···高 雪

远远地，看到爷爷蹲在自家地头，田里金黄的麦浪随风起伏。我想，爷爷看着即将收割的小麦，一定非常高兴吧。走到近前，我惊奇地发现，爷爷脸上没有半点儿喜色，愁眉不展。怎么回事？麦子长得这么好，爷爷怎么还不高兴呢？

我轻轻地走到爷爷身边，说："爷爷，奶奶叫你回家吃饭。"爷爷这才发现了我，他叹了口气，说："唉，我和你奶奶都老了，你又没长大……这么多麦子呀……"噢,爷爷是担心我家没有劳动力,收不了麦子啊。这确实是个大问题。

我家总共五口人——爷爷、奶奶、爸爸、妈妈和我。春节过后,爸爸和妈妈到北京打工去了,本来说好麦收回来。可他们去了两个多月后,北京爆发了流行性非典型肺炎。爷爷和奶奶很担心,打电话催爸爸、妈妈快回来。爸爸说:"北京是疫区,我们不能随便回乡。要是把病带回去,老家不都跟着遭殃了吗!"爸爸劝我们不要担心,说他们在北京一切都好,万一传染上病了,国家也给免费治疗,比回乡更安全。听爸爸这样一解释,爷爷、奶奶放心了。

又过了几天。乡里派来防疫队,给爷爷、奶奶做工作,让他们劝说我爸爸、妈妈不要回家。爷爷、奶奶笑着说:"我们早就想好了。一切要顾全防疫大局,让他们回来干啥呀?"防疫队的人临走时又说:"大爷、大娘,有什么困难只管开口,别不好意思,我们会尽力帮助您的。"

爷爷连说:"不用不用,没啥困难。"当时爷爷没想到这么快就该麦收了。

爷爷站起身来,又重重地叹了口气,望着麦田说:"这5亩多地,我们自己来收,十天也收不完啊!又得收,又得种……要是你爸爸、妈妈能回来就好了。唉,这可恨的'非典'!"

听着爷爷的话,我也发起愁来,可又不知怎么办才好。我们刚刚走进村口,就看见有一台收割机停在离我家不远的路上。爷爷喜出望外地说:"哪来的收割机啊?这下可好了,我们家的麦子有指望了!"爷爷兴奋地跑了几步,可很快又放慢了步子,自言自语地说:"人家也不能白给使啊。一亩地少说得50块钱,五亩地得200多块……咱还是回家磨磨镰刀,自己动手割吧。"我知道,家里钱不多了,还得留着给我交学费。

爷爷拉着我正往家里走,就见奶奶一溜小跑地奔了过来。老远就喊:"小雪她爷爷哎,快点儿呀,帮扶队给咱收割小麦来了!"帮扶队?什么帮扶队?我和爷爷正疑惑间,奶奶已跑到了跟前,气喘吁吁地说:"看到那台收割机了吗?那就是帮扶队开来帮咱们这样的困难户收麦子的,一分钱也不要。"

爷爷一听愣住了,我当时也是一愣。奶奶急了,对爷爷说:"老头子,还愣着干什么?赶紧回家。招待人家吃完饭好收麦子去啊!"爷爷这才醒过神来:"真有这样的好事?"

爷爷将信将疑地快步走了起来,我也赶紧跟上。刚到家门口,就见从里面拥出五六个人来,手里都拿着袋子。爷爷还没来得及开口,领头的那个人就说:"哟,大爷回来了。走,你带路,咱这就去收割麦子。收完麦子,明天接着种玉米。"我认出来了,这人就是上次来我家的防疫队队长。爷爷紧紧地拉住队长的手,激动得一时说不出话来;握了半天,才说:"……真是太谢谢你们了!先别忙干活,吃了饭再说。"队长说:"我们是义务帮扶,在家里已经吃过饭了。还是先干活去吧。"

爷爷、奶奶执意要留他们吃饭。可是怎么也拉不住。我和奶奶也要跟着去,他们不让。爷爷说:"也好,你们就不要去了,在家好好做饭。把那只大公鸡杀了,再去买瓶好酒。"

奶奶把那只大公鸡杀了,炖在锅里,又给了我 10 块钱去买酒。等我买回酒,看到爷爷和帮扶队队长正在院子里摊晒新鲜的麦粒呢。真是太快了,才用了不到两个小时。

爷爷看麦子都摊开了,就叫大家来吃饭。队长说:"大爷,我们还要帮其他困难户收割呢,您的心意我们领了。再说,我们是义务帮扶队,从来不吃老百姓一口饭的。"说着,就要往外走。爷爷急忙上前去,想拉住他。谁知队长动作更快,转眼间就跑出院门不见了。

爷爷不甘心,又追到了地里。过了好些时候,爷爷独自回来了。面对着满院厚厚的麦子,爷爷眼睛湿润了,半晌才说:"还是帮扶队好,还是共产党好啊!"又对奶奶说:"明天他们还帮咱种玉米。你赶快熬上一锅绿豆汤,端到地里去……"

【简评】

作者通过写一个普通农民家庭在抗击"非典"中遇到了困难,以此为窗口展现了我国人民在党和政府的领导下克服困难、抗击"非典"的生动具体的画面;热情讴歌了中华民族团结一心、众志成城的时代精神。文章行文平实,人物形象鲜明,情节感人,描写真实、细腻,具有一定的感染力。

期待父亲的笑

亲情卷

父亲帮助儿子时，两人都笑了

儿子帮助父亲时，两人都哭了

爱情可以化永恒为云烟一去不回头，友情也可能随波逐流因承受不住任重道远的负荷撒手而去，惟父母亲情亘古不变，即使用愤怒、张狂把它伤害得鲜血淋漓，它依旧不改为我牺牲的初衷，为我朝朝暮暮的守候。

对父辈，我们满含深情，写下天下最长的文字，也未必能表达这份爱。惟愿把这些凝集成文字的情和爱，兑换成行动，让我们用心，用真诚，滋润他们衰老的心。我们生活在遗憾和悔恨中，避免这种"痛苦"的最好良方，就是浅浅地付出真情。

认识父亲 / ···戎 林

　　我们对父亲是那样熟悉,又是那样陌生,陌生得许多做儿女的全然不理解父亲那颗炽热的心。我常听人说,父亲对儿女们的感情是百分之百,而儿女对父母却总要打些折扣。我不知这话准确到何种程度,但我却亲眼看见,多少可怜的父亲为儿女吃尽了天下苦,受尽了世间罪,有的为了儿女,宁愿献出属于自己仅仅一次的生命。

　　一位给我写过信的小读者在南京住院,动手术那天我也去了。当他被推进手术室以后,他的父亲像傻子似的呆立在走廊上,整整5个小时,屏息凝神,一动也不动。傍晚,手术车推出来了,当儿子猝然出现在他的面前时,这位48岁的父亲竟然往后一倒,当场晕死过去。医生们吓坏了,一边忙着照应刚动过手术的少年,一边抢救那位父亲,整个病房乱成了一锅粥。

　　少年的父亲是军人出身,他见过无数惊心动魄的场面,从来都是眼不眨心不跳。而此刻,面对着亲生骨肉,再也不能控制自己。事后我问他,他说也不知是为什么,反正他不能看到儿子受罪。

　　我一直忘不了那年在唐山采访时听说的一件真实的事。地震袭来时,墙倒屋塌,一块沉重的水泥板从天而降,屋里一对年轻的夫妻跃然而起,头顶头,肩搭肩,死死地坚持着,不为别的,因为在他们身下有一个嗷嗷待哺的婴儿。当抢救人员赶来把婴儿抱走后,他们便再也无力支撑,水泥板轰然压下。

　　是谁给这对父母注入如此大的力量?是他们的儿女。儿女是父母生命的延续,为了这个延续,为了让儿女更好地活着,他们情愿献出自己的生命。世界上还有什么比这更加崇高和伟大?

　　也许有的儿女片面地理解"生命既然开始,便已经走向死亡",他们毫不珍惜宝贵的生命,有意或无意识地将生命交给死神,轻而易举地就那么一甩手走了,但把父亲推进了无边的苦海。

　　我的一位同事是颇有影响的钢琴家,他的妻子早已离去。他和儿子相依为命地生活在一起,将一身艺术细胞传给儿子,把他拉扯成人,送进了剧院。儿子也挺争气，很快适应了紧张的剧院生活。不料在一次装台的义务劳动中从顶棚跌下，当场停止了呼吸。剧院院长把儿子的父亲接了去，问他有什么要求，那位几次从昏迷中醒来的父亲把头摇摇，说想到儿子出事的地点看看。

那是一个寂静的冬夜，院长叫人把剧场的大门打开，领着他走到台前。父亲实在憋不住，一下子扑倒在儿子摔下来的地方，再也无力站起。

整个剧场空空荡荡，无声无息，一只只椅背像大海的波涛，在这苦难的父亲的胸中掀起了滔天的巨澜。至今，在那个家中，儿子住过的房间还完整地保留着。每天上班，父亲总得在门口轻轻说声："儿子，再见！"回来时又说一声："父亲回来了，儿子！"吃饭时，儿子坐过的桌边依然放着一双筷子，它正无声地向父亲诉说着他在另一个世界的一切。

我一直不敢从离我住处不远的那条街上走，不为别的，只怕看到一位伫立在街头的老人。他几乎每天都在人们下班的时间站在那里，面对着澎湃的自行车和人流，眺望着，等待着，寻觅着他那早已离开人间的儿子。

他的儿子是我的朋友，在一家大公司工作。一个雷雨交加的夜晚，他在回家的路上碰上了一根断在地上的电缆，触电身亡。谁也不忍心把这个消息告诉他的父亲，最后还是我去了。

我以为老人会失声痛哭，其实没有，他没有一滴眼泪。我想也许是年纪大了，见得多了，泪水早已干涸。许久，那位父亲才喃喃地自语："不会的吧——"他不相信他那健壮如牛的儿子会突然离去，以为我在跟他开玩笑。

我不知老夫妻俩是怎样熬过那些揪心的日日夜夜的，只看见那位老父亲每日黄昏站在街头，目不转睛地盯着过往车辆。有好几次，竟突然大叫："下来，儿子！你给我下来！"

所有人都为之一震。

大年三十，街上行人稀少。老人仍在寒风中苦苦地等待。我真想上前安慰他几句，可走了几步站住了。我能说什么呢？人世间还有什么语言能解除老人心中的痛苦？我默默地站着，远远地望着他那凄苦的身影，一直到夜幕降临，一直到除夕鞭炮四起的时分。

九泉之下的朋友，不知你可知道，你的父亲还在等你回去吃年饭呢！

父亲是伟大的，是坚强的。严酷的现实常常扭曲了父亲的情感，沉重的负担常常压得父亲喘不过气来。天灾人祸，狂风暴雨都被父亲征服了，是他用点点血汗，以透支的生命为儿女们开出了一条成功之路，也给自己带来无尽的欢乐。

但也有一些不谙世事的儿女们被花花世界所迷惑，有的甚至被投进了牢房，让青春定格在冰凉的小屋里。对此，他自己倒不感到什么，总是以为以后的路还长。可他们没想到，这给父亲带来了多么大的不幸与悲哀。我在采访中了解到一个中学生因犯盗窃罪而被捕，他的父亲与我是老相识，但碍于面子，一直瞒着我。他想儿子想得几乎发疯，实在迫不得已才来求我，想托我找找人，让他去狱中看看儿子。

我去了，看守所所长答应他们父子在二号房会面。

那是一间长方形的小屋，两头都有铁网，即使见面，也要相隔 10 米，望儿兴叹。

儿子见到父亲，大声呼唤，诉说自己的不幸，一声声像利刃剜着我的心。但父亲却神色木然，不住地点头、摇头。儿子哪里想到，当父亲第一次得知儿子被捕的消息时，仿佛感到有一千面锣在耳边轰响，两只耳朵顿时发麻，接着便什么也听不见——他聋了！

聋子怎么能听见儿子的说话声呢？他只是不停地重复着："好好的，儿子！你好好的，啊——"

泪水爬满了他那苍老的面颊，流进那不停嚅动的嘴唇。

我告诉那少年，你父亲聋了，是为你才聋的。少年一下子蹲在地上，一只手死死地抓住铁丝网，胳膊被划出了一道血口子，鲜血把袖子染得通红，看得出，他的心在流血。

那少年被遣送到长江边的一个农场服刑，他的父亲每个月都要到千里之外去看儿子。农场离车站还有 10 里，得走一个多小时。一次回来的路上，不知是碰上了风雨，还是因耳聋听不见汽车的鸣笛，父亲被一辆大卡车撞死在路旁。也不清楚那个不争气的儿子知道不知道。

父亲是一部大书，年轻的儿女们常常读不懂父亲，直到他们真正长大之后，站在理想与现实、历史与今天的交汇点上重新打开这部大书的时候，才能读懂父亲那颗真诚的心。

歌德说："能将生命的终点和起点连接到一起的人才是最幸福的人。"我想说，你那生命的起点是父母亲用血肉筑成的，它不仅属于你，也属于你的父母，属于整个人类。能把自己的生命和父母的生命，以及全社会连在一起的人才是最伟大的人。

幸福的第六根手指

 与你共品
yu ni gong pin

　　这是一篇悲剧色彩很浓的文章，依次向我们展示了五位不同的父亲：不忍见亲骨肉受罪的父亲，以自己的生命保护孩子生命的父(母)亲，在儿子罹难处无力站起的父亲，凄风苦雨中苦苦寻觅的父亲，急火攻心耳聋丧命的父亲。抓住这五个片段去解读这五位父亲，辅之以作者不失时机恰到好处的议论，你会得出这样一个结论：五位不同的父亲却拥有一个共同的魂灵，那就是对儿子们的爱。这种爱，爱得无怨无悔，爱得无尽无期，爱得荡气回肠。仔细想想，你真正地"认识"过你的父母亲吗？

个性独悟
ge xing du wu

　　★为什么"当儿子猝然出现在他的面前时，这位48岁的父亲竟然往后一倒，当场晕死过去"？"见过无数惊心动魄场面"的军人为什么会"再也不能控制自己"？

　　★用文中哪四个字能概括第四段中这对父子的亲密关系？文中哪一处含蓄地表明了"儿子也挺争气"？怎样感受"几次从昏迷中醒来的父亲""要求""到儿子出事的地点看看"？

　　★第十五段中，"我"为什么"只怕看到一位伫立在街头的老人"？(用文中的原话回答)作者为什么要着重描写老人在"行人稀少的大年三十""除夕鞭炮四起时分""仍在寒风中苦苦地等待"呢？怎样理解第六段中的父亲"碍着面子，一直瞒着我"中"碍着面子"的心理？"望儿兴叹"是由哪个成语演化来的？

　　★怎样理解歌德"能将生命的终点和起点联接到一起的人才是最幸福的人"这句话？而文中引用这句话的用意是什么？

　　★回顾全文，文中哪句话道出了父亲对儿女，儿女对父亲不对等的爱？

父 亲/···乔黎明

又该去上学,我急忙收拾东西。

"要好多钱?"父亲坐在门槛上,问我。

"要一百五。"我小声答。

"够不够?"父亲又问。

我本想说:"不够。"但迟疑了一下,终于说:"够。"

父亲好像看出了我的心思,说:"我这里有两百块,你都拿去。到学校要舍得吃,不要节约,该用就用。有个三病两痛的,要及时看,不要拖。听到没?"

"嗯。"我一边接钱一边答。

"到学校去要专心读书,听到没?每回都拿恁多钱,你晓得农村挖两个钱不容易。今天的钱还是你爸爸昨天晚上到人家那儿去借的。"母亲在一旁说。

"你说些啥你?你看你说些啥。明娃都怎么大的人了,他自己还不晓得专心读书?这还要你紧说?钱,让他拿宽绰点儿,吃得好点儿,我看也没啥不好。家里没钱,没钱还有我哇,我晓得想办法。只要他好好读书,我砸锅卖铁都送!"父亲盯着母亲说。母亲就无话,去忙她的活了。

那时晨光正照着父亲那因过度劳累而过早苍老的脸。我鼻子陡地一酸,有些想哭。

"东西收拾好了没?"父亲问我。

"收拾好了。"我小声答。

父亲就进屋背起我装满东西的背篼,说:"走,我送一下你。"

"哦,你还有啥东西忘在屋里头没?"

"没有啥了。"

一路上都无语。我觉得父亲的脚步就踏在我的心扉,沉沉作响。我一直都低头跟在父亲身边,没敢看父亲,怕父亲那一脸的岁月会碰落我的泪水。

到了街上,父亲一看车还没来,就放好东西,然后对我说:"你等着车,我去卖了辣子马上就来。"

等了一会儿,车没来;父亲背着一个大背篼来了。"车还没来?"父亲问我,满脸的汗。

"没来。"我小声答。

"你的辣子刚才卖多少钱一斤?"有人问父亲。

"唉,便宜得很,才3块多点儿。"父亲答,一脸的苦。

我觉得有些东西在我眼眶里滚动,忙努力忍了忍,终没让它们滚落下来。

又等了很久,车还是没来。街上的人都开始吃晌午饭了。我已饿了。

"饿了吗?"父亲问。还没容我回答,父亲又说:"你看好东西,我去给你弄点吃的来。"说着朝一个饭店走去。

不大一会儿,父亲就给我端来了一大碗热气腾腾的肉丝面。

"咸淡合适不?"父亲望着我,问。

"合适。"我一边吃一边答。

我吃完了才想起父亲也没吃午饭,就说:"爸爸,你也去吃一碗吧。"

"我不饿,早饭吃得多。"父亲说。似乎还想努力笑一下,终没笑成。说完就拿过碗要去还。忽然,父亲又问我:"吃饱了没?"

"饱了。"我发觉我的声音有些嘶哑,忙别过脸去。

又等了好一阵,车还没来。

"恁迟了,还没车,怕你上学要迟。"父亲说,一边朝车来的方向望。

"爸爸,你回吧,我一会儿自己上车。"我劝父亲。

"那哪儿要得。你恁多东西,一会儿车来了你自己能上?"父亲笑着说,"还是我多等会儿。"

"那你去买点儿东西吃?"我望着父亲,几乎是恳求。

"那要得,我去买个锅盔吃。"父亲说着就向近旁的一个锅盔摊走去。锅盔很便宜,5毛钱一个。

父亲拿起一个锅盔正要付钱,车来了。父亲忙放下锅盔朝我跑来,一边说:"不买了,反正我可以回去吃饭;快,你快上车。我来放东西。"父亲说完就背起我的背篼往车顶棚上吃力地爬。

我的泪水一下子就涌了出来⋯⋯

我晓得还有十几里山路等着空腹的父亲一步一步地去量。我晓得父亲为了送我读书硬戒了十九年的烟。我也晓得我为了所谓的面子,曾多次伤了父亲的心!

与你共品
yu ni gong pin

本文刻画了一个为了供儿子上学，因过度劳累而过早苍老的乡下父亲。文中叙述的事情极小，送儿子上学，给儿子买肉丝面，为儿子背包，自己却连锅盔也没吃上，但就是这样一些小事，让我们看到了一个伟大的父亲，体验到了伟大的父爱。从儿子的感悟中也可以体验到儿子对父亲的感激和挚爱。

个性独悟
ge xing du wu

★怎样理解"我觉得父亲的脚步踏着我的心扉，沉沉作响"？
★本文通过哪几件事，表现了父亲对我的爱？
★作者几次写到自己的眼泪表达了什么心情？
★歌颂父爱的文章不少，例如我们学过的《背影》，可每一篇文章都有它自身的特点，谈谈你对这篇文章的理解。

快乐阅读
kuai le yue du

别样的父爱 / · · · 姜蕊 译

那年我16岁，体重39公斤。路易斯安那州拉斐特市6月的天气格外闷热。我父亲想让我在暑假找份活儿干。他的一位朋友是建筑商，于是我就成了这位建筑商手下工人的帮手，报酬是每小时75美分。

我一点儿也不想工作。我想和朋友们驱车兜风或者与他们一起站在超市门口谈笑、搜寻女孩子。但是我不能违背父亲的旨意。父亲肩宽背阔,脸色红润,我不敢惹他生气,不敢看他因生气而瞪圆的蓝眼睛和逐渐变红的脸孔。

父亲是一家大公司的总工程师兼主管,从离开学校那天起他就在这家公司任职,不同的是刚开始他是当检察员,身着军装足蹬皮靴,腰间挎着 0.6 厘米口径的手枪。

父亲在家里通常很安静。他突然发声的大嗓门总是将我吓个半死。他从不嚷嚷起来没完,最多只吼几句简单的话,这足以令我魂飞魄散。我对他的爱之中居然包括这种恐惧。

第一天上班是父亲开车送我去的。一路上我紧张、害怕、委屈,一点儿自信都没有。我带着妈妈为我准备的午餐。

车停在一条杂乱的小街旁,一伙人正在盖酒店。a.看来这个假期我只能给木匠递东西了,希望我的木匠师傅能够和蔼可亲。这一辈子我还没干过体力活儿呢。最多只是受雇帮人捡捡球和推着剪草机修剪草坪。

父亲把我带到工头儿面前,对工头儿说:"让他成为一个真正的男子汉。"然后就离开了。

我站在那里一声不响,等着工头儿派我去给一位好心肠的木匠帮忙。可是,工头儿却递给我一把镐和一把锹,让我到一个壕沟里去。壕沟足有一米深,用来做酒店的地基。沟里面膀大腰圆的黑人们正挥舞着镐和锹。两个工人给我让出一个空位,我跳了下去。

在烈日下的最初几个小时我只知道机械地举起镐,抡下去,再举起,再抡下,直到泥土松软了,再把锹插进土里,将土扬到沟外。

我根本没力气干这种活儿。我的背、我的腿、我的胳膊、我的肩膀都在颤抖。我唯一的希望就是工作赶快结束。

干了三四个小时之后我开始恶心。中午,一声哨响,所有人都停止了工作,走向阴凉地。一个人对我说,到吃饭时间了。

我看着自己的午餐口袋,胃翻了个个儿,胃里的东西向上涌起。我走到工具棚的一角,开始呕吐。胃倒空后我走回阴凉地,躺了下去。有个人说:"你得吃点儿东西。"

"我不吃了。"说完,我闭上眼睛睡了。13 时,一声哨响,我醒了,一个人问我:"你还好吧?"

我点点头。如果开口,我可能会控制不住大哭起来。

我们回到壕沟里。我拿起锹,将身边的松土扬出沟外,然后抡起镐。我还是头晕,感到闷热、乏力。

这样干了40分钟左右,我听到父亲的声音。我抬头看着他,他一定是来带我回家的,他原谅了我的无能吧?可是我想错了。b.他说:"走,我们去买顶帽子。"

工地的所有人都戴着帽子,有草帽有棒球帽。我什么也没说。

在车里,c.父亲用略带骄傲的柔和语气对我说:"听工头儿说你吐了,没吃饭,还不肯告诉他。"

"没什么。"我羞愧地瞅着窗外的马路,使他相信我是个勇敢的人。

接下来是一路沉默。到了市里,他把我带到一家杂货店。杂货店里有空调,还有餐桌。他递给我一瓶汽水,让我自己点三明治。

之后我们穿过街走进一家超市,父亲为我选了一顶软木遮阳帽。戴上这顶帽子我可以在非洲大草原上欢快地追赶狮子,但是在拉斐特市我可不想戴这种玩意儿。我还是什么也没说。

回到工地后,一位伙计说:"帽子真不错。"我跳进壕沟里。我身边的人说:"现在你没事儿了。"他说得对,我的确没事儿了。不知为什么,同样的细胳膊瘦腿儿削肩膀,我却感到不那么难以忍受了。

17时,收工的哨声响了。我登上公共汽车,臂上、手上、脖子上、衣服上,浑身上下满是尘土。

父亲已经将我的故事告诉了妈妈和姐姐,我一踏进家门她们就满怀敬意地上前欢迎我。我不能实话实说,与其坦白不想再去那个鬼地方了,不如干脆承认自己无能,不仅体力方面差劲儿,连男子汉的起码工作都干不了。

第二天一早,带上帽子和午餐,我踏上了开往工地的汽车。我又跳进壕沟里,这回我一点儿也没恶心。中午在阴凉地吃过午饭,工作又开始了。我一直干到傍晚收工。到家后我还是说我很好。

工地上的活儿实在太累人了,但是经过第一个上午,我已经能忍受一切了。地基挖好以后,我又被派到另一个工地,帮助建童子军食堂。我具体的工作是协助挖化粪池。黏土太硬了,工头儿不断地用水管浇土,我们还是挖得很吃力。后来我居然可以扛着30公斤重的水泥袋子走了。到夏季结束时我的体重增加了8公斤。

实际上第一天父亲到工地看我时很想把我带回家,但他知道自己不可以那样做。如果那样的话,我肯定会整天在家里喊着要成为某某名人,成为男人中的男人,就这样空喊一个暑假。于是为了让我成为一个真正的男子汉,父亲

幸福的第六根手指

把我带到工地上，还给我买了一顶帽子。

与你共品

yu ni gong pin

别以为父母之爱都是慈爱，在儿女的成长过程中也必须给予他们严厉的爱。本文中的父亲，为了让儿子成为真正的男子汉，让儿子在工地上干活，锻炼他勇敢地面对生活，让他养成吃苦耐劳的品格，读来让人对这位父亲肃然起敬。

个性独悟

ge xing du wu

★第三段交代了父亲从前与现在的职位，其目的何在？

★文章极言"我"对父亲的恐惧是为了说明什么？

★画线a句表达了"我"的什么愿望？这样写的目的是什么？画线b句，父亲对从未干过重活而如此劳累的"我"没说任何安慰的话，只是说带他去买帽子，你怎么理解？怎样理解画线c句中加点的"略带骄傲的柔和语气"？

★"我"干的活很重，"我"也感到很累，但却始终对家里人说"很好"，这说明了什么？

父亲的自行车 / ···余 杰

　　有人说,10岁的小孩子崇拜父亲,20岁的青年人鄙视父亲,40岁的中年人怜悯父亲。然而,对我来说,这个世界上父亲是唯一值得一辈子崇拜的人。

　　父亲是建筑师。工地上所有的工人都怕他,沙子与水泥的比例有一点儿差错也会招来父亲的痛斥。然而,父亲在家里永远是慈爱的,他的好脾气甚至超过了母亲。在县城里,父亲的自行车人人皆知,每天早午晚他风雨无阻地骑着吱吱嘎嘎的破车接送我和弟弟上下学,那时,我和弟弟总手拉着手跑出校门,一眼就看见站在破自行车旁穿着旧蓝色中山服的、焦急地张望着的父亲。一路上,两个小家伙叽叽喳喳地说个不停,而父亲一直能一心两用,一边乐滋滋地听着,一边小心翼翼地避过路上数不清的坑坑洼洼。等到上了初中,父亲的车上便少了一个孩子;等到弟弟也上了初中,父亲便省去了一天两趟的奔波。可父亲似乎有些怅然若失,儿子毕竟一天天长大了。

　　收到大学录取通知书的那天,我兴奋得睡不着觉。半夜里听见客厅里有动静,起床看,原来是父亲,他正在台灯下翻看一本发黄的相簿。看见我,父亲微微一笑,指着一张打篮球的照片说:"这是我刚上大学时照的!"照片上,父亲生龙活虎,眼睛炯炯有神,好一个英俊的小伙子! 此刻,站在父亲身后的我却蓦然发现,父亲的脑后已有好些根白发了。父亲一出世便失去了自己的父亲,惨痛的经历使他深刻地意识到父亲对儿子的重要性。因此,在他的生活里,除了工作便是妻儿,他不吸烟不喝酒,不钓鱼不养花,在办公室与家的两点一线间生活得有滋有味。辅导儿子的学习是他最大的乐趣。每天的家庭作业父亲一道道地检查,认认真真地签上家长意见,每次家长会上他都被老师称赞为"最称职的家长"。母亲告诉我一件往事:我刚一岁的时候,一次急病差点儿夺去了我的小命。远在千里之外矿区工地的父亲接到电报时,末班车已开走了,他跋山涉水徒步行了一夜的山路,然后冒险攀上一列运煤的火车,再搭乘老乡的拖拉机,终于在第二天傍晚奇迹般地赶回了小城。满脸汗水和灰土的父亲把已经转危为安的我抱在怀里,几滴泪水落到我的脸上,我哇哇地哭了。"那些山路,全是悬崖绝壁,想起来也有些后怕。"许多年后,父亲这样淡淡地提了一句。

　　父亲是个不善于表达感情的人,与父亲在一起沉默的时候居多,我却能感觉出自己那与父亲息息相通的心跳。离家后收到父亲的第一封来信,信里有一句似乎漫不经心的话:"还记得那辆破自行车吗?你走了以后,我到后院杂物堆里去找,却锈成一堆废铁了。"我想了好久,在一个阳光灿烂的早晨给父亲回信:"爸,别担心,那辆车每天晚上都在我的梦里出现呢,我坐在后面,弟弟坐在前面,您把车轮蹬得飞快……"

与你共品
yu ni gong pin

　　本文以父亲的自行车为记叙线索,记叙了"我"和父亲的平凡小事,写出了在"我"的成长过程中父亲对我们的关爱。特别记叙了母亲告诉"我"的一件往事:为了看望病中的幼子,远在千里之外矿区工地的父亲,在末班车已开走的情况下,父亲克服了常人难以克服的困难,跋山涉水步行了一夜的山路,然后冒险攀上一列运煤车,再搭乘老乡的拖拉机,几经辗转,终于在第二天傍晚奇迹般地赶回了小城。读来催人泪下。父亲是个平常的人,然而,"对我来说,这个世界上父亲是唯一值得一辈子崇拜的人"。通过平常往事的记叙,深深地表达了"我"对父亲的敬爱和感激之情。文章质朴自然,娓娓道来,但情深意浓,读后给人以深刻的印象。

个性独悟
ge xing du wu

　　★文章开头段列举了三个年龄段的人对父亲的不同态度,作者对父亲是什么态度?
　　★找出第二段中对父亲进行肖像描写的句子。第二段中多次用了叠音词,找出来体会一下它们的作用?第三段中两次运用了插叙,插入的都是什么事情?(概括回答)第三段中,写父亲的事情有几件,哪一件写得较详细?第三段中,作者介绍了父亲的生活特点是什么?

★父亲生活中最大的乐趣是什么?(用原文详细回答)

★文章结尾,写了一个阳光灿烂的早晨给父亲的回信。作者为什么又回忆父亲接送我和弟弟上学,车轮蹬得飞快的情景呢?

快乐阅读
kuai le yue du

没有父亲的父亲节/···佚 名

每年一次的父亲节,定会给父亲打个电话,或是请他饮餐茶,或是吃顿饭。有时想带点父亲喜欢的小礼品,但时时懒得动手,塞三五百元给老父:"爸,饮餐茶也好,做麻将本也好,输了是我的,赢了归你!"老父定然开心,笑声震耳。

这样的父亲节如今不再有。

父亲是今年清明"去"的,去得匆匆。从进医院到去世,仅仅15天。当他的心电图成一直线时,天上雷雨大作,我在大雨中送父亲进太平间,天地与我同哭。

之后每一个清晨,我想起的第一个人,第一件事,便是父亲。撕去5月的日历,我想到父亲节,竟夜夜失眠,不堪重负,着着实实地躺了10天。期间迷迷瞪瞪发烧时,便是重演与父亲的一幕幕往事。父亲节前一天,半夜起来,在房子里转悠,挑了一堆父亲喜欢的东西:铁观音茶、人参丸、深海鱼油一大堆,下意识是送给父亲过节的。礼物办齐,大哭了一场,物是人非,父亲节的礼物,连同"Happy Father's Day!"如今还可赠与谁?我始终不肯接受,今年的父亲节已没有了父亲!

而且,以后所有的父亲节,也不会再有父亲。

有父亲的时候,不觉得父亲节有什么特别,总是马虎,以省时省力为要。没有了父亲,才想起,父亲节多伟大、多重要,应该为他花一个整天、花一个月。从来没有为父亲过一次隆重的父亲节,终身之憾!

世上有一百种人,便有一百种父亲。父亲爱我,爱得世上绝无仅有。在他的眼中,女儿是最乖、最重要的。女儿仅是一介书生,以笔为生。在父亲眼中,却如此神圣。怜惜女儿钱财的父亲有的是,连同女儿时间精力都怜惜的父亲唯我独有。

每次回家看父亲,吃完饭总想多聊聊天。父亲总说:"晚了,快回家,明天你还要上班,爸知道你忙,回来吃个饭就好。"

母亲急忙唠叨:"哪有这样的爸,赶女儿走。"

爸总瞪着母亲说:"你不知道女儿忙,要看书要写书,时间金贵!"

妈不晓得父亲对女儿的一番情意,我深深领情。

让我难受的是每次打电话给爸问安,你没开口,他就抢话:"玉明,别太拼命,功夫长过命,爸总担心你身体,别太累,好了,你别煲电话粥了,爸知道你心中有爸。"啪,电话挂了。

七年前,我婆婆去世,剩下公公一人。公公一辈子受婆婆伺候,连插电饭煲也不会。我和先生天天两头跑,给公公做饭。退休在家的爸知道了,自动请缨,由他陪公公住。爸原来在工厂大小是个官,却天天不耻躬身,为我公公做饭、洗衣甚至端洗脚水。1998年,公公老年痴呆症发作,走丢了好几回。无奈把公公送回乡下。此时父亲已是肺气肿、哮喘、高血压多病缠身,却不放心公公,陪他下乡,住了一个多月。

所有认识我公公的人,都说公公命好,有这么一门好亲家,我心中清楚,父亲怕我累着,替我分忧。此心此情,无以为报。

1998年年底,父亲中风住院,我陪夜。父亲挣扎起来,一一对我交代后事。我哭着骂他:"胡说什么,爸,你命长着呢,好多福没享,女儿还没孝敬过你,你舍得去,不会舍得女儿哭!"

爸两行浊泪横流。

爸病情稳定,我又要出差。千里之外,夜夜难眠,只求上天保佑我父。

上天真保佑我,父亲好得出奇,原来不灵便的手脚,竟好得一点儿痕迹也没有。爸出院时照了个 CT 片,医生说,片子没有血栓迹象,恐怕不是脑血栓。

不想不出半年,老父再度中风,而且并发心肺病,父亲入院第二天我就在病危通知书上签了字。拿着病危通知,失魂落魄地开始骂自己:多年来劳碌奔波,为小家庭,为小女儿,却极少顾及老父亲。觉悟已晚,只好拼命补偿:天天跑医院,挤每一分钟陪父亲。

每次到病房,看着插着气管食管尿管针管的父亲,心如刀剜。我趴在老父的耳边叫,爸,玉明来了,我是玉明……

爸很努力睁开眼看我,他已不能说话,我们对望着,千言万语,在眼中说。

爸临走前两天,突然好转,我带女儿看他。老父指着我的手袋。我忙把纸笔递给他。他在纸上画了大半天,终不成字。大哥干过公安,有经验,猜测了半天,认为是"不要浪费"四字。

我问父亲是否。父点头。

哥说,爸不想我们为他花那么多医药费。

我知道,除了这层意思,爸怕我天天跑医院,浪费太多时间。

其实我应该内疚。明知老父已风烛残年,还让他为我操那么多心。我又为父亲做了什么?以为给老父三五百元,以为给老父买这买那,便是孝敬,其实我最欠的,是亲亲热热陪父亲说个话,高高兴兴让父亲开心。

悔之太晚。去年觉悟了,想让父亲到英国走走,看看小妹,手续办了一半,父亲身体每况愈下,已无法出远门。更改计划,去香港一游吧!母亲一再声明,父亲其实走路已经很艰难,绝对游不了香港。大哥出个主意,香港游不了,去澳门一天,澳门小,没有多少步路。结果旅游票还没买,父亲就一病不起撒手人寰。父亲带走多少遗憾?皆因我之不孝。

前些天与朋友聚会,省外事办的一个朋友说了一个笑话,说日本有一种公司服务:专门请人假扮儿女、媳婿、小孙儿,到一些孤寡老人家里,亲亲切切称爸喊爷、聊天吃饭,使老人享受一番假亲情,之后收取不低的服务费。

笑话讲完全场皆笑,唯我独哭。

其实父亲一生俭朴,不求奢华。假若苍天有灵,再给我一个父亲节,我只求同往年一样,与父亲饮餐茶,聊聊天。如果这个请求太过分,再省一点儿,让我拥着老父,只说一句:

爸,父亲节快乐!

足矣。

幸福的第六根手指

读完本篇,你一定会深受感动。文章娓娓而谈,叙述的是一些平常的生活琐事,歌颂的却是最真挚的亲情,追忆父亲对儿女的无微不至的爱。

个性独悟
ge xing du wu

★作者反复强调"今年的父亲节已没有了父亲!而且,以后以后所有的父亲节,也不会再有父亲了",这种反复强调有什么作用?

★文章开头说父亲"定然开心,笑声震耳",那么"我"为什么还要如此"内疚"呢?这是一个怎样的父亲?又是一个怎样的女儿?哪一首歌道出了"我"的"内疚"之情?

★朋友聚会时听朋友讲一个笑话,为什么会"笑话讲完全场皆笑,唯我独哭"?

★文章结尾时为什么要写"其实父亲一生俭朴,不求奢华"?

快乐阅读
kuai le yue du

几件小事

——记父亲叶圣陶 / ··· 叶至诚

我今年62岁了,可是拿不好筷子了,人家拿筷,拇指上一只,食指上一只,吃起来,两只筷平行地向碗里伸去,或扒或拣,灵活方便;我却是拇指、食指和中指合捏一双筷,想要吃什么,交叉着两只筷子往菜碗里伸。妻子取笑我说:"人家吃菜是拣的,你吃菜是叉的。"还跟小孙女讲:"不要学你爷爷,你爷爷拿筷多难看。"我就接着说:"是啊,我爸爸妈妈从来没管过我怎么拿筷子,我自小就没学会。"

还有一件我无论如何干不好的事,就是写毛笔字。参加什么会议,看到会场门口摆着墨盘、毛笔、签到簿,我心里就嘀咕:"又得出一回洋相了。"好不容易毕敬把名字写上,自己再不敢多看一眼,只好出门不认货,掉头就走。这当然要怪我自己从小没下功夫练过,然而父亲却从来也没问过我毛笔字写得怎么样这件事。直到后来我学着写散文了,父亲也只管我稿子写得是不是清楚,不管我的字是不是好看。

父亲也有管着我的事,譬如让我递给他一支笔,我随手递过去,不想把笔头交在了父亲手里,父亲就跟我说:"递一样东西给人家,要想着人家接到了手方便不方便,一支笔,是不是脱下笔帽就能写;你把笔头递过去,人家还要把它倒转来,倘若没有笔帽,还要弄人家一手墨水。刀子剪子这一些更是这样,绝不可以拿刀口刀尖对着人家;把人家的手戳破了呢?"直到如今,我递任何东西给别人,总是把捏手的一边交给对方,报纸书本也让人家接到手就能看。

冬天,我走出屋子没把门带上,父亲在背后喊:"怕把尾巴夹着了?"次数一多,不必再用这么长的句子,父亲只喊:"尾巴,尾巴!"就这样渐渐养成了我冷天进出屋子随手关门的习惯。另外,父亲还告诫我开关房门要想到屋里还有别人,不可以砰的一声把门推开,砰的一声把门带上,要轻轻地开,轻轻地关,我也从此遵循到现在。

后来我想:父亲不管我的,都是关系我个人的事,在这方面,父亲很讲民主,给我极大的自主权,有时候在我喜爱的事情上帮我一把,譬如为我儿时集邮册页的楠木夹板雕刻篆字题签,给我们手足三个修改文章等等;而父亲管我的,都是涉及我和他人之间的关系的事,在我以外,更有他人,要时时处处替他人着想。

抗战期间,父亲在《开明少年》上发表过两篇谈教育的卷语,一篇叫《习惯成自然》,另一篇叫《要养成好的习惯》,主要说的就是父亲管着我的那层意思。

值此父亲逝世一周年之际,记下这些小事,也算是对他的怀念吧。

幸福的第六根手指

本文是现代著名教育家叶圣陶的儿子叶至诚在父亲逝世一周年时写的一篇回忆文章。文章通过记叙几件小事，向世人展示了叶圣陶先生作为教育家教育子女"处处为别人着想"，并以身示范的高尚情操。

★读后想一想，文章一共写了几件小事?这几件小事是怎样组织成文章的?

★文章说由于父亲的管束，使"我"形成了一些好的习惯。想一想，你的行为中有没有好的习惯?如果有，你尝到了哪些甜头?如果没有，你该做怎样的努力?

父爱之舟/···吴冠中

是昨夜梦中的经历吧，我刚刚梦醒!

朦胧中，父亲和母亲在半夜起来给蚕宝宝添桑叶……每年卖茧子的时候，我总跟在父亲身后，卖了茧子，父亲便给我买枇杷吃……

我又见到了姑爹那只小小渔船。父亲送我离开家乡去投考学校以及上学，总是要借用姑爹这只小渔船。他同姑爹一同摇船送我。带了米在船上做饭，晚上就睡在船上，这样可以节省饭钱和旅店钱。我们不肯轻易上岸，花钱住旅店的教训太深了。有一次，父亲同我住了一间最便宜的小客栈，夜半我被臭虫咬醒，遍体都是被咬的大红疙瘩，父亲心疼极了，叫来茶房，掀开席子让他看满床乱爬的臭虫及我的疙瘩。茶房说没办法，要么加点儿钱换个较好的房间。父亲动心了，但我年纪虽小却早已深深体会到父亲挣钱的艰难。他平时节省到极点，自己是一分冤枉钱也不肯花的，我反正已被咬了半夜，只剩下后半夜，也不肯再加钱换房子……恍恍惚惚我又置身于两年一度的庙会中，能去看看这盛大的节日确是无比的快乐，我欢喜极了。我看各样彩排着的戏文边走边唱。看高跷走路，看虾兵、蚌精、牛头、马面……最后庙里的菩萨也被抬出来，一路接受人们的膜拜。卖玩意儿的也不少，彩色的纸风车、布老虎、泥人、竹制的花蛇……父亲回家后用几片玻璃和彩色纸屑等糊了一万个花筒，这便是我童年唯一的也是最珍贵的玩具了。万花筒里那千变万化的图案花样，是我最早的抽象美的启迪者吧！

父亲经常说要我念好书，最好将来到外面当个教员……冬天太冷，同学们手上脚上长了冻疮，有的家里较富裕的女生便带着脚炉来上课，上课时脚踩在脚炉上。大部分同学没有脚炉，一下课便踢毽子取暖。毽子越做越讲究，黑鸡毛、白鸡毛、红鸡毛、芦花鸡毛等各种颜色的毽子满院子飞。后来父亲居然从和桥镇上给我头回来一个皮球，我快活极了，同学们也非常羡慕。夜晚睡觉，我将皮球放在自己的枕头边。但后来皮球瘪了下去，必须到和桥镇上才能打气，我天天盼着父亲上和桥去。一天，父亲突然上和桥去了，但他忘了带皮球，我发觉后拿着瘪皮球追上去，一直追到悚树港，追过了渡船，向南遥望，完全不见父亲的背影，到和桥有十里路，我不敢再追了，哭着回家。

我从来不缺课，不逃学。读初小的时候，遇上大雨大雪天，路滑难走，父亲便背着我上学，我背着书包伏在他背上，双手撑起一把结结实实的大黄油布雨伞。他扎紧裤脚，穿一双深筒钉鞋，将棉袍的下半截撩起扎在腰里，腰里那条极长的粉绿色丝绸汗巾可以围腰二三圈，还是母亲出嫁时的陪嫁呢。

初小毕业时，宜兴县举办全县初小毕业会考，我考了总分七十几分，属第二等。我在学校里虽是绝对拔尖的，但到全县范围一比，还远不如人家。要上高小，必须到和桥去念县立鹅山小学。和桥是宜兴的一个大镇，鹅山小学就在镇头，是当年全县最有名气的县立完全小学，设备齐全，教师阵容强，方圆二十里之内的学生都争着来上鹅山。因此要上鹅山高小不容易，须通过入学的竞争考试，我考取了。要住在鹅山的寄宿生，要缴饭费、宿费、学杂费，书本费也贵了，于是家里粜稻，卖猪，每学期开学要凑一笔不小的钱。钱，很紧，但家里愿意将钱都花在我身上。我拿着凑来的钱去缴学费,感到十分心酸。父亲送我到校,替我铺好床被,他回家时,我偷偷哭了。这是我第一次真正心酸的哭,与在家里撒娇的哭、发脾气的哭、吵架打架的哭都大不一样,是人生道路中品尝到的新滋味了。

第一学期结束,根据总分,我名列全班第一。我高兴极了,主要是可以给父亲和母亲一个天大的喜讯了。我拿着级任老师孙德如签名盖章,又加盖了县立鹅山小学校章的成绩单回家,路走得比平常快,路上还又取出成绩单来重看一遍那紧要的栏目:全班六十人,名列第一。这对父亲确是意外的喜讯,他接着问:"那朱自道呢?"父亲很注意入学时全县会考第一名朱自道,他知道我同朱自道同班。我得意地、迅速地回答:"第十名。"正好缪祖尧老师也在我们家,也乐开了:"茅草窝里要出笋了!"

我唯一的法宝就是考试,从未落过榜,我又要去投考无锡师范了。

为了节省路费,父亲又向姑爹借了他家的小小渔船,同姑爹两人摇船送我到无锡。时值暑天,为避免炎热,夜晚便开船,父亲和姑爹轮换摇橹,让我在小舱里睡觉。但我也睡不好,因确确实实已意识到考不取的严重性,自然更未能领略到满天星斗、小河里孤舟缓缓夜行的诗画意境。船上备一只泥灶,自己煮饭吃,小船既节省了旅费,又兼做宿店和饭店。只是我们的船不敢停到无锡师范附近,怕被别的考生及家长们见了嘲笑。

老天不负苦心人,他的儿子考取了。送我去入学的时候,依旧是那只小船,依旧是姑爹和父亲轮换摇船,不过父亲不摇橹的时候,便抓紧时间为我缝补棉被,因我那长期卧病的母亲未能给我备齐行装。我从舱里往外看,父亲那弯腰低头缝补的背影挡住了我的视线。后来我读到朱自清先生的《背影》时,这个船舱里的背影便也就分外明显,永难磨灭了!不仅是背影时时在我眼前显现,鲁迅笔底的乌篷船对我也永远是那么亲切,虽然姑爹小船上盖的只是破旧的篷,远比不上绍兴的乌篷船精致,但姑爹的小小渔船仍然是那么亲切,那么难忘……我什么时候能够用自己手中的笔,把那只载着父爱的小船画出来就好了!

庆贺我考进了颇有名声的无锡师范,父亲在临离无锡回家时,给我买了瓶汽水喝。我以为汽水必定是甜甜的凉水,但喝到口,麻辣麻辣的,太难喝了。店伙计笑了:"以后住下来变了城里人,便爱喝了!"然而我至今不爱喝汽水。

师范毕业当个高小的教员,这是父亲对我的最高期望。但师范生等于稀饭生,同学们都这样自我嘲讽。我终于转入了极难考进的浙江大学代办的工业学校电机科,工业救国是大道,至少毕业后职业是有保障的。幸乎?不幸乎?由于一些偶然的客观原因,我接触到了杭州艺专,疯狂地爱上了美术。正值那感情似野马的年龄,为了爱,不听父亲的劝告,不考虑今后的出路,毅然沉浮于茫无边际的艺术苦海,去挣扎吧,去喝一口一口失业和穷困的苦水吧!我不怕,只是不愿父亲和母亲看着儿子落魄潦倒。我羡慕过没有父母、没有人关怀的孤儿、浪子,自己只属于自己,最自由,最勇敢。

……醒来,枕边一片湿。

与你共品
yu ni gong pin

　　吴冠中,当代著名画家。这是一篇名人写父爱的文章,是一篇以梦境形式写的回忆性文章,写在艰难求学的经历中父亲的关爱。是梦境,非梦境也,枕边的一片湿为证。求学的艰难,父亲的关爱,那小小的渔船,铭刻萦绕于作者脑际大半生。文章以时间为序,以父亲供我送我上学为主要内容,特别是船来船去的描写是本文的重点,以此水到渠成地表现了父爱之"舟"。本文语言质朴,真挚感人,袒露一片赤子之情;作为子女对于父母亲为自己所做的一切,又有几个记起;对于自己经济拮据的家庭状况,又有几个人和盘托出;自己的苦苦追求,又有几人承认,是不愿父母看到儿子落魄潦倒而伤感……其文具有很强的艺术感染力,其人亦具有大家的人格魅力。

个性独悟
ge xing du wu

　　★"是昨夜梦中的经历吧,我刚刚梦醒","……醒来,枕边一片湿",从首尾两段看这是一篇以梦境的形式的写回忆文章,作者为什么要采用这种形式?

★"父亲回家后用几片玻璃和彩色纸屑等糊了一个万花筒","后来父亲居然从和桥镇上给我买回来一个皮球",作者写"万花筒"和"皮球"的用意是什么?

★文中哪一句话最能表达"我"对父亲的感激与歌颂?怎样理解"然而我至今不爱喝汽水"?文中哪一句体现了"我"对父母亲的孝心?怎样理解"我羡慕过没有父母、没人关怀的孤儿、浪子"?"醒来",为什么会"枕边一片湿"?

★文中四次写起姑爹的小小渔船,作者为什么要一次次地写操船、船上做饭、船上睡觉?和文题《父爱之舟》有什么联系?

快乐阅读
kuai le yue du

父　亲／··· [美] 罗斯腾

　　父亲帮助儿子时,两人都笑了;儿子帮助父亲时,两人都哭了。

　　安葬父亲后不久,对父亲的回忆——他的每一次大笑,每一声叹息,都像难以预测的涓涓细流时时在我的脑中流过。父亲为人坦率,没有一丝虚假或伪善。他的情趣纯真无邪,他的愿望极易满足。他从不将自己的意志强加于别人,他对闲言碎语深恶痛绝,从不知道什么叫怨恨或妒忌。我很少听到过他有什么抱怨,从未听到过他亵渎别人的话。在过去的五十年里,我记不得他讲过低俗或恶意的想法。

　　父亲很爱我母亲,对她总是体贴入微,并常为有这样一位美貌贤惠的妻子感到自豪。步入晚年后,他起床后的第一件工作便是煮咖啡(他煮得一手好咖啡),然后一边看报,一边呷着咖啡,等着母亲前来与他共享"少时夫妻老来伴"的欢乐。

我不知道还有谁比他更喜欢看报纸。他看起报纸来总是津津有味,即使一条新闻也细细品尝。在他看来,晨报重现着每日生活的新意,是奇迹与愚行的舞台。

父亲是个天才的"故事大王",常以逗别人大笑为乐。他总是将自己刚听到的最新笑话或故事讲给大家听。当我年幼时,他常用一些幽默故事和哑剧逗我。他或鼓着腮帮,或滴溜着眼珠儿,或模仿着一种走路姿势。他可以在你面前活灵活现地装扮出一个人物来。

他还常用诙谐的幽默引得我们捧腹大笑。有时他兴致勃勃地问:

"你们猜今早我见到谁了?"

"谁?"

"邮递员。"

或者他伸出食指问:"你们知道为什么伍德罗·威尔逊不会用这根指头写字呢?"

"不知道。为什么?"

"因为这是我的指头。"

这些事听起来很荒唐,是吗?不过你或许根本无法想象它给我带来的乐趣。然而在绞尽脑汁取乐一个小孩子的同时,父亲自己也感受到人世间的天伦之乐。

在我做了爸爸后,父亲又开始给他的孙子们讲他那幽默可笑的故事。"唉,"他常叹道,"当我跟你们一般年纪时,我可以将手举这么高(他将手举过头顶),可是现在只能举到这儿(他又将手举到肩膀那么高)。"

这时,孩子们总是皱眉挠头,绞尽脑汁寻想这是怎么回事。

"啊,是呀,"见孩子们仍在云里雾里,他又说,"我过去能举这么高,可现在却不行了——"

旋即,孩子们异口同声尖叫起来:"爷爷,可是您刚才还能举那么高呢!"

此时他便开心地大笑起来,要么拉过来在脸上猛吻,要么高高举过头顶,同时还夸奖说:"喔唷,这些精灵鬼!"

幽默风趣是父亲的天性。来芝加哥定居后不久,他就去参加一所为外国人举办的夜校。老师问他:"你可以就名词举一个例子吗?"

"门。"父亲回答说。

"很好。那么,请再举一例。"

"另一扇门。"他说。

父亲喜欢唱歌,并且唱得很不错,不过他的鼾声也如响雷。父亲打鼾,姐姐说吃语,整个屋子里彻夜不得安宁。

父母对我的学习成绩很是满意。很小时,我就懂得拿上一本书就可以逃避干家务活。瞥见我看书时,他总是拍着我的脑袋瓜说:"很好,你在往这儿积累知识!"他常对人类大脑所创造的奇迹赞叹不已。

在我 11 岁时,父亲开始教我下棋。六七个月后,当我第一次赢了他时,他高兴地直拍手,见人就讲,逢人便说。

他热爱这个国家,视美国为一块宝地。

父亲过去曾是波兰一家纺织工厂的织袜工。定居美国后,他又织运动衫。20 多岁时,他只身一人来到美国,后来才将我和母亲接了过去。在芝加哥,父亲每周要在一台笨重的织机上工作 60 多小时。

他得在黎明前起床,在滴水成冰的季节,要乘一个多小时的车,8 点前赶到工厂。下班回家后,他匆匆吃过晚饭,又在家里那台半旧不新的织机上工作。母亲决意开办一个"家庭工厂",以解脱老板的摆布。

父亲从没什么野心。母亲则永不知足,精力充沛,富于心计。他俩干起活来如同一个小组:母亲负责设计、剪裁(她小时候在一家纺织厂干过),然后经销帽子、围巾等。父亲除了开机编织外,还搞采购。

后来,他们雇了帮工,在离我家还有一段距离的地方开了个铺子。父亲是店主兼制造商,母亲站柜台。两人都是激进的工会会员,这种由工人一跃成为"老板"的地位变化使他们感到无所适从。我怎么也不会忘记父亲曾力劝四位雇员组织一个工会的情景——为提高工资举行罢工!雇员们死活不干,认为他们的报酬已经可观。他们还说:"既然你觉得我们应该得到更高的报酬,你给我们增加一些不就得了?"

"噢,那不行,"他立即说,"难道你们不明白吗? 如果只有我给你们增加了工资,那么我就无法和其他制造商竞争了。可是如果芝加哥所有的纺织工人都联合起来,并派一个代表团去要挟所有的制造商,那么我们就不得不增加工资了。"他到底还是说服了他们。

若干年后,当我在大学上经济学课时,这荒谬的一幕总是在我的大脑中闪现。

父亲交友甚广,却很少有知己密友。他十分钦佩自己所不具备的别人的优点:所受教育、分析能力和创造能力。他最崇尚直率的性格。他常情不自禁地赞美某某人"是个了不起的人物,实在了不起"!

父亲对大海有着深厚的感情。在密执安,在加利福尼亚和佛罗里达海滨,他不知度过了多少个美好时光。他不会游泳,因此从不到淹没膝盖的地方去。看着他坐在海边戴着草帽看报纸,就像一个澡盆里嬉水的孩子,实在令人发笑。

丹尼·托马斯曾给我讲述了他父亲——一个身高体壮,妄自尊大的人——是如何去世的。临终前,老人朝天挥动拳头大喊:"让死亡滚蛋吧!"

我父亲没能像他那样壮烈地死去。经过了一年的心脏病、咳嗽、肺气肿的折磨后,他身体极度虚弱,最后在氧气帐中悄然离去。每当想到"死亡"二字时,他表现出的不是大发雷霆,而是闷闷不乐。

一次,母亲将他送到南天门医院,他抱怨说他脸上有点儿发痒。于是我带来了我的电动剃胡刀。在我给他剃胡须时,他问:"你为何从纽约一直跑到密执安来了?""没有啊,"我撒谎说,"我碰巧来底特律开会,碰上了。""是碰上了!"他叹道。接着又笑着说:"你可是我这一生中请过的最昂贵的理发师啊!"

出院后,他憔悴难认了。走路得拄拐杖,还须我搀扶。不禁想起了一句犹太谚语:"父亲帮助儿子时,两人都笑了;儿子帮助父亲时,两人都哭了。"

可我俩谁都从没哭过,因为我总是滔滔不绝地谈论自己的工作、妻子、儿女以及工作计划,他对这些向来都是百听不厌。我攒了一肚子听来的新故事——任何能使他暂从病痛中解脱出来的方式都未尝不可。在我讲故事时,他总是面带笑容,装出一副痛苦很快就会消失的样子,装出一副还有大量的时光交谈,还有数以千计的故事要讲的神态。

最后一次我是在芝加哥的一家医院见到他的,当时他被放在氧气帐中,处于昏睡中。我和妻子向他道别,他都没听见。我送他一个飞吻,以为他也没看见,然而他看见了。他点了点头,用满是皱纹、扭曲的脸做着怪相——以前当他说到"别为我担心"或"别等我"时常做这种鬼脸。接着,他费劲地伸出两根手指举到唇边,回报我一个飞吻。

父亲是个和蔼可亲,通情达理的人,我爱他。

父亲去世后我每天都要进行长时间的游泳。我可以在水中尽情痛哭,当两眼通红地从水中出来时,别人还以为是水刺痛了眼睛。我不知道别人是否有过如此思念之情,和我在一起,父亲感到愉快,和父亲在一起,我感到幸福。

父亲活在我的脑海里,他的音容笑貌时时涌进我的记忆。有时,我会情不自禁地脱口喊道:"哦,爸爸,您真了不起!"

与你共品
yu ni gong pin

　　文章给我们塑造了一个有着一般父亲共性的和有别于其他父亲之处的"这一个"父亲的鲜活形象。文章开篇对父亲的为人给予总体的评价,然后采用以幽默的笔调与悲情的独有方式方法,选取较为典型的事例展示父亲。读父亲的"荒唐"之处,令人忍俊不禁,他的情趣纯真无邪;读父亲的"荒谬",令人钦佩"老板"的品质,他的为人坦率,没有一丝虚伪或伪善。父亲有病部分使文章的感情基调有所转换,但父亲仍不失幽默、风趣的天性,其中体现出坚毅与刚强,体现了对亲人的爱心。阅读时要注意体会文章最为感人的两处:一处是引用犹太谚语,一处是"我在水中尽情痛哭",何等恰当的引用,何等真情的发泄。儿子一般不会认为父亲了不起,读过本文后请同学们换一种角度去观察你熟知的父亲,最好也能感同身受地认为自己的父亲——"哦,爸爸,您真了不起!"

个性独悟
ge xing du wu

　　★对父亲的回忆为什么仅提"他的每一次大笑,每一声叹息"呢?"难以预测"说明了什么情况?

　　★面对出院后父亲的惟悴难认,走路得拄拐、搀扶,我为什么会"不禁想起了一句犹太谚语"?怎样理解谚语中的"两人都笑了"和"可我俩谁都从没哭过"?

　　★用"和蔼可亲,通情达理"是否能准确地概括父亲在弥留之际

"用满是皱纹、扭曲的脸做着怪相","他费劲地伸出两根手指举到唇边,回报我一个飞吻"的非常之举?

★综观全文,应该怎样评价这位父亲?(用文中的原话回答)说一说这篇对父亲回忆的文章的特点有哪些?

快乐阅读
kuai le yue du

默默父亲 / ··· 佚 名

　　我是父亲最小的儿子。"爸疼满崽"这句话便成了父亲爱的天平向我倾斜时搪塞哥哥姐姐们的托词了。在我10岁那年头上吧,我生病躺在了县城的病床上,我突发奇想让父亲给我买冰棍吃。父亲拗不过我,便只好去了。那时候冬天吃冰棍的人极少,大街上已找不见卖冰棍的人。整个县城只有一家冰厂还卖冰棍,冰厂离医院足足有一华里地,父亲找不到单车,便步行着去。一时半晌,父亲气喘吁吁满头大汗跑回来,一进屋,便忙不迭解开衣襟,从怀里掏出一根融化了一大半的冰棍,塞给我,嘴里却喃喃说道:"怎么会化了呢?见人家卖冰棍的都用棉被裹着的呢!"

　　初二那年,我的作文得了全省中学生作文竞赛一等奖。这在小镇上可是开天辟地头一遭的事儿。学校为此专门召开颁奖会,还特地通知父母届时一起荣光荣光。等到去学校参加颁奖会的那天,父亲一大早便张罗开了,还特地找出不常穿的一件中山装穿上。可当父亲已跨出家门临上路时,任性而虚荣的我却大大地扫了父亲的兴:"爸,有妈跟我去就成了,你就别去了。"父亲充满喜悦的脸一下子凝固了。那表情就像小孩子欢欢喜喜跟着大人去看电影,却被拦在了门外一般张皇而又绝望。迎着爸妈疑惑的眼神,我好一阵不说话,只是任性地待在家里不出门。父亲犹疑思忖了半刻,用极尽坦然却终究掩不住的有些颤抖的声音说:"爸这就不去了。"父亲已经破译出了我心底的秘密:我是嫌看似木讷、敦厚且瘦黑而显苍老的父亲丢我的人啊!看着父亲颓然地回到屋里,我这才放心地和妈妈兴高采烈地去了学校。可是，颁奖大会完毕后，却有一个同学告诉我：你和妈风风光光在讲台上接受校领导授奖和全校师生钦羡的眼光时，你爸却躲在学校操场一隅的大树下，自始至终注视这一切呢！顿时，我木然。心里漫上一阵痛楚……

父亲最让我感动的是我17岁初入大学的那年。我刚入大学的时候，寝室里住了四个同学，每个人都有一台袖珍收录机，听听节目学学英语，很让人眼馋。后来，与其说是出于对别人的羡慕，还不如说是为了维护自己的自尊，我走了60里地回到家，眼泪汪汪地跟父母说：我要一台收录机。父亲听了，一个劲地叹气，母亲则别过头去抹泪。我心一软，两手空空连夜赶回学校。过了一段时间，父亲到学校找到我，将我叫到一片树林里，说："孩子，你不要和人家攀比，一个人活的是志气。记住，不喝牛奶的孩子也一样长大。"我正掂量着父亲这句话，父亲已从怀里掏出一样东西放在我手上。伸开手来，正是我心仪已久的袖珍收录机。事后才知道父亲是进城抽了500cc血给换来的。"不喝牛奶的孩子也一样长大。"就是父亲这句话，让我在以后的日子里一次又一次地找到了做人的自尊，也让我得以活出了一个男人的伟岸。

父亲没能活到60岁便病逝了。记得父亲临终的时候，他将枯槁的手伸向了我。我将手放在父亲的手心里，父亲极力想握紧我的手，但父亲已无能为力了。是的，父亲虽然没能扶携和目送着我走更长更远的路，但是，父亲一生积攒的种种力量已渗透到生命中来——我的生命只不过是父亲生命的另一种延续。

与你共品
yu ni gong pin

"我"的父亲看似木讷、敦厚且瘦黑而苍老，但他有一句影响"我"一生的话，"不喝牛奶的孩子也一样长大"，让"我"活出自尊、自信和坚强。这正是千千万万朴实勤劳父亲的真实写照。

★用简洁的语言概括文章写的几件事。

★"心里漫上一阵痛楚"句中"漫"一词用得好在哪里？

★父亲说"不喝牛奶的孩子也一样长大"，你怎样理解这句话？

★"父亲一生积攒的种种力量"指的是什么？

★"我的生命只不过是父亲生命的另一种延续"，这句话的含义是什么？

快乐阅读
kuài lè yuè dú

多年父子成兄弟 / ··· 汪曾祺

这是我父亲的一句名言。

父亲是个绝顶聪明的人。他是画家，会刻图章，画写意花卉。图章初宗浙派，中年后治汉印。他会摆弄各种乐器，弹琵琶，拉胡琴，笙箫管笛，无一不通。他认为乐器中最难的其实是胡琴，看起来简单，只有两根弦，但是变化很多，两手都要有功夫。他拉的是老派胡琴，弓子硬，松香滴得很厚——现在拉胡琴的松香都只滴了薄薄的一层。他的胡琴音色刚亮。胡琴码子都是他自己刻的，他认为买来的不中使。他养蟋蟀，养金铃子。他养过花，他养的一盆素心兰在我母亲病故那年死了，从此他就不再养花。我母亲死后，他亲手给她做了几箱子冥衣——我们那里有烧冥衣的风俗。按照母亲生前的喜好，选购了各种花素色纸作衣料，单夹皮棉，四时不缺。他做的皮衣能分得出小麦穗、羊羔、灰鼠、狐欣。

父亲是个很随和的人，我很少见他发过脾气，对待子女，从无疾言厉色。他爱孩子，喜欢孩子，爱跟孩子玩，带着孩子玩。我的姑妈称他为"孩子头"。春天，不到清明，他领一群孩子到麦田里放风筝。放的是他自己糊的蜈蚣(我们那里叫"百脚"),是用染了色的绢糊的。放风筝的线是胡琴的老弦。老弦结实而轻,这样风筝可笔直的飞上去,没有"肚儿"。用胡琴弦放风筝,我还未见过第二人。清明节前,小麦还没有"起身",是不怕践踏的,而且越踏会越长得旺。孩子们在屋里闷了一冬天,在春天的田野里奔跑跳跃,身心都极其畅快。他用钻石刀把玻璃裁成不同形状的小块,再一块一块逗拢,接缝处用胶水粘牢,做成小桥、小亭子、八角玲珑水晶球。桥、亭、球是中空的,里面养了金铃子。从外面可以看到金铃子在里面自在爬行,振翅鸣叫。他会做各种灯。用浅绿透明的"鱼鳞纸"扎了一只纺织娘,栩栩如生。用西洋红染了色,上深下浅的通草做花瓣,做了一个重瓣荷花灯,真是美极了。在小西瓜(这是拉秧的小瓜,因其小,不中吃,叫做"打瓜"或"骂瓜")上开小口挖净瓜瓤,在瓜皮上雕镂出极细的花纹,做成西瓜灯。我们在这些灯里点了蜡烛,穿街过巷,邻居的孩子都跟过来看,非常羡慕。

父亲对我的学业是关心的,但不强求。我小时了得,国文成绩一直是全班第一。我的作文,时得佳评,他就拿出去到处给人看。我的数学不好,他也不责怪,只要能及格,就行了。他画画,我小时也喜欢画画,但他从不指点我。他画画时,我在旁边看,其余时间由我自己乱翻画谱,瞎抹。我对写意花卉那时还不太会欣赏,只是画一些鲜艳的大桃子,或者我从来没有见过的瀑布。我小时字写得不错,他倒是给我出过一点主意。在我写过一阵《圭峰碑》和《多宝塔》以后,他建议我写写《张猛龙》。这建议是很好的,到现在我写的字还有《张猛龙》的影响。我初中时爱唱戏,唱青衣,我的嗓子很好,高亮甜润。在家里,他拉胡琴,我唱。我的同学有几个能唱戏的。学校开同乐会,他应我的邀请,到学校去伴奏。几个同学都只是清唱。有一个姓费的同学借到一顶纱帽,一件蓝官衣,扮起来唱《朱砂井》,但是没有配角,没有衙役,没有犯人,只是一个赵廉,摇着马鞭在台上走了两圈,唱了一段"群坞县在马上心神不定"便完事下场。父亲那么大的人陪着几个孩子玩了一下午,还挺高兴。我 17 岁初恋,暑假里,在家写情书,他在一旁瞎出主意。我十几岁就学会了抽烟喝酒。他喝酒,给我也倒一杯。抽烟,一次抽出两根他一根我一根。他还总是先给我点上火。我们的这种关系,他人或以为怪。父亲说:"我们是多年父子成兄弟。"

我和儿子的关系也是不错的。我戴了"右派分子"的帽子下放张家口农村劳动,他那时从幼儿园刚毕业,刚刚学会汉语拼音,用汉语拼音给我写了第一封信。我也只好赶紧学会汉语拼音,好给他写回信。"文化大革命"期间,我被打成"黑帮",送进"牛棚"。偶尔回家,孩子们对我还是很亲热。我的老伴告诫他们:"你们要和爸爸'划清界限'。"儿子反问母亲:"那你怎么还给他打酒。"只有一件事,两代之间,曾有分歧。他下放山西忻县"插队落户"。按规定,春节可以回京探亲。我们等着他回来。不料他同时带回了一个同学。他这个同学的父亲是一位正受林彪迫害,搞得人囚家破的空军将领。这个同学在北京已经没有家,按照大队的规定是不能回北京的。但是这孩子很想回北京,在一伙同学的秘密帮助下,我的儿子就偷偷地把他带回来了。他连"临时户口"也不能上,是个"黑人"。我们留他在家住,等于"窝藏"了他,公安局随时可以来查户口,街道办事处的大妈也可能举报。当时人人自危,自顾不暇,儿子惹了这么一个麻烦,使我们非常为难。我和老伴把他叫到我们的卧室,对他的冒失行为表示很不满。我责备他:"怎么事前也不和我们商量一下!"我的儿子哭了,哭得很委屈,很伤心。我们当时立刻明白了:他是对的,我们是错的。我们这种怕担干系的思想是庸俗的。我们对儿子和同学之间的义气缺乏理解,对他的感情不够尊重。他的同学在我们家一直住了四十多天,才离去。

对儿子的几次恋爱,我采取的态度是"闻而不问"。了解,但不干涉。我们相信他自己的选择,他的决定。最后,他悄悄和一个小学时期的女同学好上了,结了婚。有了一个女儿,已近7岁。

我的孩子有时叫我"爸",有时叫我"老头子"!连我的孙女也跟着叫。我的亲家母说这孩子"没大没小"。我觉得一个现代化的、充满人情味的家庭,首先必须做到"没大没小"。父母叫人敬畏,儿女"笔管条直",最没有意思。

儿女是属于他们自己的。他们的现在,和他们的未来,都应由他们自己来设计。一个想用自己理想的模式塑造自己的孩子的父亲是愚蠢的,而且,可恶!另外,作为一个父亲,应该尽量保持一点童心。

与你共品

yu ni gong pin

    汪曾祺(1900~1997),江苏高邮人。现当代著名作家、剧作家。在小说、戏剧、散文等方面著作颇丰,有着杰出的贡献。这是一篇很"另类"的文章,与我们在作品中和生活中接触的众多的父亲很不一样,如果按正统的眼光审视这样的父亲,他是不及格的。本文语言自然、质朴、平实,没有板起面孔讲大道理。这样的父子关系在有些人看来或许觉得"没大没小",但有一点是肯定的,这样的父亲是会得到普天下所有做儿子的欢迎的。作者在这近乎于唠家常之中讲明了多年父子成兄弟的道理,"一个想用自己理想的模式塑造自己的孩子的父亲是愚蠢的",这篇文章写出了一种与众不同的父子关系。

个性独悟
ge xing du wu

★怎样理解第二段中"他养的一盆素心兰在我母亲病故那年死了,从此他就不再养花"?本文写的是"父子成兄弟"的事,那么插入母亲病故、做冥衣之事,这与本文有哪些内在联系?

★在第四段中哪处文字表现了天下绝大多数父亲,不一定是共同的做法,但绝对是共同的心理?

★文中最能体现"我们是多年父子成兄弟"的事例有哪些?你是怎样看待"多年父子成兄弟"这些事例的?"我"把父亲也当成了"兄弟"之处是什么地方?

★表现"我"对儿子极其"尊重"之处是哪里?文中最能反映时代特点的事例是什么?为什么要做出这样"矛盾"的事?

快乐阅读
kuai le yue du

半边钱 / ···驮 驮

大学学费每年要 5000 元。

"我连假钱都没得一张。"爹说。

吃饭时,爹不是忘了扒饭,就是忘了咽,眼睛睁得圆圆的,就像老僧入定,傻愣愣地坐着。"魂掉了。"妈心疼地说。

"在这边住茅草屋,去那边也住茅草屋算了!"突然,爹说,像是自言自语,又像是和妈商量,但那语气又不像是在和谁商量。

说完,扔下筷子,放下碗,径自出去。

我知道,爹准备卖掉为自己精心打造多年的寿方。在我们土家族聚居的大深山里,做寿方是和婚嫁一样重要的事情,老人们常满脸严肃地对后生小子们叮嘱:"宁可生时无房,不可死时无方(棺材)。"山寨人一生最大也是最后的希望,便是有一副好寿方。

爹的寿方因为木料好,做工好,油漆好,在方圆几十里数第一。听说爹要卖,穷的富的都争着要买。

当天下午,一位穷得叮当响的本房叔子以 1500 元的高价买走了爹的寿方——爹最后的归宿。

"不反悔?"叔子又一次喜滋滋地问。

"不反悔。"爹咬着牙说。

当我离家上学时,加上叮当作响的十来个硬币和写给别人的两三张欠条,竟有"巨款"4500 元!另外,五亲六戚这个十元,那个二十,学费算勉强凑齐了。

爹送我,一瘸一瘸的——在悬崖烧炭摔的。

四天过后,到了千里之外的南京,报了到。于是,爹厚厚的"鞋垫"变薄了。他脱下鞋摸出剩钱,拣没人的地方数了三遍,三百二十六元零三分,他全给了我。

8 月的南京,三四十度,很"暖和"。爹和我挤在窄窄的单人床上,我不知什么时候睡着了,又好像一整夜都没睡着。当我睁开眼睛时,天已大亮,爹早已出去了。我蜷在床上,像只冬眠的动物。生活费还差一大截儿,大学还有四年,我没心思闲逛。

中午爹才回来。尽管满头大汗,脸上却没有一点儿血色。

"给,生活费。"推推躺在床上的我,爹递给我一叠百元纸币。

我疑惑地看着他。

"今早在街上遇到了一个打工的老乡,向他借的。"爹解释,"给你六百,我留了二百块路费。我现在去买车票,下午回去。"说完,又一瘸一瘸地、笨拙地出去了。

他刚走,下铺的同学便问我:"你爸有什么病?我清早在医院里碰见了他。"

我明白了:父亲在卖血!

下午,我默默地跟在爹后面,送他上车。

买了车票,他身上仅剩下 30 块。

列车缓缓启动了。这时,爹从上衣袋中摸出一张皱皱巴巴的 10 块钱,递给站在窗边的我。

我不接。爹将眼一瞪:"拿着!"

我慌忙伸手去拿。就在我刚捏住钱的一瞬间,列车长吼一声,向前疾驰而去。我只感到手头一松,钱被撕成了两半!一半在我手中,另一半随父亲渐渐远去。望着手中污渍斑斑的半截儿钱,我的泪水夺眶而出。

仅过了半个月,我便收到爹的来信,信中精心包着那半截儿钱,只一句话:"粘后再用。"

与你共品
yu ni gong pin

真是父爱如山,为了儿子的前程,父亲卖掉了自己的寿方,把自己死后的家当都搭过去了。在什么都没有卖的情况下,就去卖血。只要有可能,父亲连命也会毫不犹豫地卖掉的,这就是哺育我们成长的父爱亲情。

个性独悟
ge xing du wu

★8 月的南京,很"暖和",你怎样看这"暖和"?"鞋垫"变薄了是什么意思?

★父亲用什么方法解决了我的生活费,对此,你有何感受?

★为什么我的泪水夺眶而出?写出我此时的心理?

★父亲仅一句话"粘后再用",文中的父亲没有任何豪言壮语,却感人至深,请就父爱及文章笔法谈感受?

给老爸"打分"/···张 涵

从呱呱落地到成为一个充满青春活力的阳光女孩,老爸在我身上注入了多少心血呀! 现在,我要给老爸来一个真真切切的评价,看看老爸到底能拿多少分。

评价一:对我的学习。

在我做作业的时候,老爸总爱坐在一旁,眯着眼睛,笑盈盈地看着我。要是看到我遇到了什么难题,他会先看看题目,有时候是笑笑,把眼睛眯成一条长缝,然后就走开了;有时候是耐心地给我讲解,直到我弄懂为止。我想,这就是老爸的独到之处吧! 他走开,一定是认为这道题我会做,该让我自己思考;他给我讲解,是因为这题对我确实有难度,不得不启发一下。在我的学习上,老爸还是很不错的,但在我因粗心大意而失误后,老爸常会发火,所以我只能毫不留情地扣掉两分,就给个98分吧!

评价二:对我的生活。

我们家的生活,虽不是省吃俭用,但也不算是铺张浪费。老爸从不委屈我,尤其是我的这张小嘴巴。他的原则是:该吃的吃,该穿的穿,该买的买,该用的用。我和老爸通常是"打成一片"。特别是吃,我和老爸都喜欢吃辣,就算是吃得像妈妈说的"上嘴唇向上翘,下嘴唇往下翻",仍是津津有味。"咱爱吃辣的人不怕辣。"妈妈也经常说我和老爸都生错了地方,该在湖南。所以在对我的生活上,我给老爸打个100分! 谁叫我是小馋猫呢!

评价三:老爸的兴趣爱好。

老爸在家爱唱歌,尤其爱唱京剧,虽然不是那么标准,但还是有那么个味儿,再加上点表情和手势,还让人以为咱家来了位戏剧表演家呢! 老爸还爱看书,他读初中时就把《三国演义》《红楼梦》《西游记》《水浒传》这些古典小说看完了。他常常鼓励我多看小说,说是可以提高我的写作水平。可是像我这样一看书就想睡觉的人,哪能看小说呀! 电视连续剧和动画片还差不多,一看半夜,只差钻进电视机里。所以,老爸对我的"文学事业"是大失所望噢!虽说我对小说之类的文学东西不感兴趣,但是我还有一个爱看书的老爸可以沾沾光呀! 只可惜老爸有一个令我甚是讨厌的毛病,那就是——抽烟! 老爸抽烟已有一二十年了,就是戒不掉,烦死我了! 老爸每天回家,我们都是"未见其人,先闻其声","咳! 咳! 咳! "每次回家从来不用按门铃。我总结了一下老爸抽烟带来的危害:1.一般是 4 天一包烟,一包 4 元,一个月至少 8 包,一年就是 96 包,也就是每年会有 384 元的钞票,要损失在这些有害无益的烟雾里。2.烟里含有尼古丁等有害物质,抽烟有害健康。老爸明知故犯,屡"抽"不"戒",所以,在兴趣爱好上嘛,只能打 88 分了。要是老爸为了自己和家人的健康,戒了烟,没说的,100 分。老爸,下次争取噢。

总分,算一下,(98+100+88)÷3≈95 分。老爸的最后得分:95 分!

【简 评】

写"父爱"的题材很多,小作者别出心裁的构思,让人感觉耳目一新,却用"打分"的方式来写"父爱",把"父爱"表现得自然、含蓄,全文洋溢着对老爸的喜爱与自豪。文题借用电视娱乐活动的"打分",很新颖,给人以启示,值得学习。

生日、月亮与爸爸 / ··· 王晓路

一弯月亮在空中,有一些宁静,有一些安逸,又有些凄凉,好似我此时此刻的心情。

弯弯的新月,勾起了我弯弯的思念。爸爸援藏已经快一年了,自从春节之后他只在暑假回来过几天。且来去得是那样的匆匆。而暑假时我上午要上课,只有中午他睡觉时才能静静地坐在他身边,感受他的气息。不多久,暑假班结束了,我揣着那张成绩单放在怀中想让他高兴一下。然而中午,我却失落地坐在餐桌旁,他的位置空缺着。我恨他,他又一声不吭地支援西藏去了。

今年的中秋节是最难熬的,美妙的中秋,少了他,在我心中比往日更加无趣、凄凉。以前的中秋,我们一家人总是坐在阳台上,吃着月饼,我靠着爸爸,爸

爸靠着妈妈,一起分享着那宁静的安逸的月光,纯洁、无瑕又那么温馨。然而现在,只有我和妈妈,相互依偎着坐在阳台上,美味的月饼就在眼前却懒得伸手。月光虽然那么明亮,但在我心中却那么淡,那么淡,似乎也在为爸爸黯然失色……

今天是爸爸的生日,原本我没有想起,可是身边的文曲星提醒了我。望着那排"父亲生日快乐",我真的很想哭。风吹直了窗帘,吹乱了我的头发,吹动了乌云,月亮时隐时现,虽然是弯月,但是却那样醒目、那样耀眼。此时此刻爸爸在干什么呢?是在庆祝自己的生日,还是为了工作已忘记了今日。记得去年是我给父亲过的生日。当晚,我们畅饮,虽然我的那杯不是酒;我们高歌,虽然我吟的是诗;我们狂舞,虽然当时我已"醉"倒,那晚我睡在了沙发上,下面还垫着爸爸,此时想来,有些想笑,可笑未流露,愁又回到了我的脸上。

久久地凝视着月亮,似乎能从那儿望见父亲。他真的在那儿吗?是不是也望着月亮想着我呢?忽然,一颗亮晶晶的东西从我脸颊滑下,伴着月光落在了地上。

【简 评】 jian ping

思念,富于诗情画意的思念。作者以独特构思通过"弯弯的月亮"流淌出来,那样深情,那样浓烈的思念之情。本文没有对话,也没有多少生活情节,文章用三组月光、三个画面将这一家原本就有的亲情表达出来了。"弯弯的思念""风吹动了乌云"等文字组合使文章诗意芬芳。文章结构合理,条理清晰,感情真挚,语言也蛮有创意。

路是月的痕 / ···佚 名

依稀想来,已有几年未踏上这一条洒满月光的小路了。小路是父亲亲手用鹅卵石铺成,在月下泛着朦胧柔和的光。路的那头,连着那河边的小屋,连着我的父亲。父亲啊,你是否依然执着地坐在岸边,哀怨地吹着笛子,等着儿子的归来?

　　父亲爱好吹笛。小的时候,父亲的笛声载满了童年的乐趣,像那条丝带一样的小河,牵引着我的童心在父亲爱的港湾里晃悠。父亲很疼我这个唯一的儿子,老喜欢用粗糙的双手捏我的脸蛋,不顾我疼得哭起来,还兀自傻呵呵地笑。每天日暮,父亲带我到河边的草地上放牛。父亲常常放开牛绳让牛自己吃草,自己便从背后的草篓里摸出笛子,鼓起腮,吹出世间最美妙的音乐。我就靠在父亲腿上,看着天边的夕阳将父亲的头发染上点点金色。我爱父亲,父亲的笛声最美。

　　随着年龄的增长,我开始讨厌父亲。讨厌他满嘴烟味,讨厌他的黄牙;讨厌他背个草篓到学校找我,还从窗口傻傻地盯着我看;讨厌他没有本事,只知侍弄几亩薄地,连我的学费也没能赚回。我和父亲逐渐隔膜了。在被我吼了几次后,父亲不再打着赤脚来学校看我,不再唠叨着让我好好学习。他保持沉默,而打破沉默的唯一方式就是吹笛,如怨如诉,而在我看来,这又成了不务正业的标志。

　　我到外地上学去了。离去的前一天晚上,我走上那条熟悉的小路,感觉到一丝眷恋与不舍。路像是月光在地上划过的痕,也划过我的心。几年时间里,我未回过一次家。母亲在电话里告诉我,我走后,父亲整日像掉了魂似的,茶饭不思,只知去河边吹笛子。最终,我应母亲的请求回到了家。到家里已是夜晚,月刚升起,当时怀着无尽的思绪在小路上行走时,遇到了等我的父亲。我忽地一下子哭出来,紧紧抱住了父亲。我请求父亲给我吹笛,父亲答应了。哽咽的笛声又在耳畔响起,响在洒满月光的小路上,勾起我的回忆。我感觉到父亲眷眷的爱子之情,感到愧对父亲的笛声。父亲爱我,爱着自己的儿子。他为我竟能与我的心产生如此强烈的共鸣。路很美,很美,是月划过的痕。月是路的魂,父亲的笛声是我的心魂!

【简　评】

　　本文作者以"我"对父亲的感情变化为主线,展示了"我"读懂父爱的过程。文章语言优美,佳句迭出,构思精巧,把厚重的父爱和"我"内心的感情变化,表达得情真意切,细腻传神,值得读者品味。

母亲用青春搭起我的生命之桥

母爱的天空

亲情卷

用希望和奉献搭起我通向成功和幸福的桥

　　父亲一直是漂泊般的，奔波在生活的劳累中，于是母亲就成了我们的港湾。于是，知道那个有雨的下午在路的尽头等迟归孩子的是母亲；知道那个把叮咛缝进鞋垫，把牵挂装进行囊，把所有的爱写在心底的人是母亲；知道那个在孩子面前不流泪，困难面前不低头的人是母亲；那个最伟大而又最平凡的女人是我的母亲。在我懂得爱人的时候我最爱的人是母亲。

母亲的心 / ···佚 名

　　朋友告诉我:她的外婆老年痴呆了。

　　先是不认识外公,坚决不许这个"陌生男人"上她的床,同床共枕了50年的老伴只好睡到客厅去。然后有一天出了门就不见踪迹,最后在派出所的帮助下才终于将外婆找回。原来外婆一心一意要找她童年时代的家,怎么也不肯承认现在的家跟她有任何关系。

　　哄着骗着,好不容易说服外婆留下来,外婆却又忘了她从小一手带大的外孙外孙女们,以为他们是一群野孩子,来抢她的食物,她用拐杖打他们,一手护住自己的饭碗:"走开走开,不许吃我的饭。"弄得全家人都哭笑不得。

　　幸亏外婆还认得一个人——朋友的母亲,记得她是自己的女儿,每次看到她,脸上都会露出笑容,叫她:"毛毛,毛毛。"黄昏的时候搬个凳子坐在楼下,唠叨着:"毛毛怎么还不放学呢?"——连毛毛的女儿都大学毕业了。

　　家人吃准了外婆的这一点,以后她再说要回自己的家,就恫吓她:"再闹,毛毛就不要你了。"外婆就会立刻安静下来。

　　有一年"十一",来了远客,朋友的母亲亲自下厨烹制家宴,招待客人。饭桌上外婆又有了极为怪异的行动。每当一盘菜上桌,外婆都会警觉地向四面窥探,鬼鬼祟祟地,仿佛一个小偷似的。终于判断没有人在注意她,外婆就在众目睽睽下夹上一大筷子菜,大大方方地放在自己的口袋里。当然是宾主皆大惊失色,却又彼此都装着没有看见,只有外婆自己仿佛认定自己干得非常巧妙隐秘,露出欢畅的笑容。那顿饭吃得实在是有些艰难。

　　上完最后一道菜,一直忙得脚不沾地的朋友的母亲,才从厨房里出来,一边问客人"好吃不好吃",随手从盘子里拣出些剩菜吃。这时,外婆一下子弹了起来,一把抓住女儿的手,用力拽她,女儿莫名其妙,只好跟着她起身。

外婆一路把女儿拉到门口,警惕地用身子挡住众人的视线,然后就在口袋里掏啊掏,笑嘻嘻地把刚才藏在里面的菜捧了出来,往女儿手里塞:"毛毛,我特意给你留的,你吃呀,你吃呀。"

女儿双手捧着那一堆各种各样、混成一团、被挤压得不成形的菜,好久才愣愣地抬起头,看见母亲的笑脸,她突然哭了。

当疾病切断了外婆与外界的所有联系,让她遗忘了生命中的一切关联,一切亲爱的人,而唯一不能割断的是母亲的血源。她的灵魂也许在病魔侵蚀下慢慢死了,然而永远不会死去的是一颗母亲的心。

与你共品 yu ni gong pin

有人说过:世界上最伟大的是母亲,即使把世界上所有的荣誉都给母亲也不过分。本文描述了一个特殊的母亲——患老年痴呆症的母亲。母亲行为诡秘,举止异常,但一心想到的却是女儿。

个性独悟 ge xing du wu

★开篇第二、三两段在文中起到什么作用?

★本文以"母亲的心"为题,是否恰当?简述理由。

★身患老年痴呆症的外婆行为怪诞,而其爱女之心却因此而弥彰。文章第六、七、八三段读后让人唏嘘不已。其实在我们日常生活中,母亲、父亲及所有的亲人,老师、同学甚至萍水相逢的陌生人,都可曾给过我们温馨的关怀,在我们的内心泛起过涟漪,引起过震颤,请写出其中的一则。(250字以内)

快乐阅读
kuai le yue du

远去了，母亲放飞的手 / ··· 刘心武

　　从 1950 年到 1959 年，我 8 岁到 17 岁。家里平时就我和母亲两人。回忆那十年的生活，母亲在物质上和精神上对我的哺育，都是非同寻常的。

　　物质上，母亲自己极不重视穿着，对我亦然，有得穿就行了；用的，如家具，也十分粗陋。但在吃上，那就非同小可了，母亲做得一手极地道的四川菜，且不说她能独自做出一桌宴席，令父亲的那些见过大世面的朋友交口称誉，就是她平日不停歇地轮番制作的四川腊肠、腊肉等，也足以叫邻居们啧啧称奇。有人就对我发出警告："你将来离开了家，看你怎么吃得惯啊！"但是母亲几乎不给我买糖果之类的零食，偶尔看见我吃果丹皮、关东糖之类的零食，她总是要数落我一顿。母亲坚信，一个人只要吃好三顿正经饭，便可健康长寿，并且那话里话外，似乎还传递着这样的信念：人只有吃"正经饭"才行得正，吃零嘴意味着道德开始滑落——当然很多年后，我才能将所意会到的，整理为这样的文句。

　　母亲在饮食上如此令邻居们吃惊，被一致地指责对我的"娇惯"和"溺爱"。但跟着还有令邻居们吃惊的事。那就是我家是大院中有名的邮件大户。如果那几十种报刊都是我父亲订的，当然也不稀奇，但我父亲其实只订了一份《人民日报》，其余的竟都是为我订的。就有邻居大妈不解地问我母亲："你怎么那么舍得为儿子花钱啊！你看你，自己穿得这么破旧，家里连套沙发椅也不置！"母亲回答得很坦然："他喜欢啊！这个爱好，尽着他吧！"

　　1959 年，我被北京师范专科学校录取，勉勉强强地去报了到。我感到"不幸中的万幸"是这所学校就在市内，因此我觉得还可以大体上保持和上高中差不多的生活方式——晚上回家吃饭和睡觉。我满以为，母亲会纵容我"依然故我"地那样生活。但是她却给我准备了铺盖卷和箱子，显示出她丝毫没有犹豫过。母亲不仅把我"推"到了学校，而且，也不再为我负担那些报刊的订费，我只能充分地利用学校的阅览室和图书馆。

　　1960 年春天，有一个星期六我回到家中，一进门就发现情况异常，仿佛在准备搬家似的……果不其然，父亲奉命调到张家口一所军事院校去任教，母亲

也随他去。我呢？父亲和母亲都丝毫没有犹豫地认为，我应当留在北京。问题在于：北京的这个家，要不要给我留下？如果说几间屋都留下太多，那么，为什么不至少为我留下一间呢？但父亲却把房屋全退了。母亲呢，思想感情和父亲完全一致，就是认为在这种情况下，我应当开始完全独立的生活。父亲迁离北京后的那周的星期六下午，我忽然意识到我在北京除了集体宿舍的那张床铺铺位，再没有可以称为家的地方了！我爬上去，躺到那铺位上，呆呆地望着天花板上的一块污渍，没有流泪，却有一种透彻肺腑的痛苦，难以言说，也无人可诉。

1969 年春天，我在北京一所中学任教。就是那个春天，我棉被的被套糟朽不堪了，那是母亲将我放飞时，亲手给我缝制的被子。它在为我忠实地服务了几年后，终于到了必须更换的极限。于是我给在张家口的母亲，写信要一床被套，这对于我来说是自然到极点的事。母亲很快寄来了一床新被套，但同时我也就接到母亲的信，她那信上有几句话我觉得极为刺心："被套也还得向我要，好吧，这一回学雷锋，做好事，给你寄上一床……"睡在换上母亲所寄来的新被套里，我有一种悲凉感：母亲给儿子寄被套，怎么成了"学雷锋，做好事"，仿佛是"义务劳动"呢？现在我才醒悟，母亲那是很认真很严肃的话，就是告诉我，既已将我放飞，像换被套这类的事，就应自己设法解决。她是在提醒我，"自己的事要尽量自己独立解决。"

母亲将我放飞以后，我离她那双给过我无数次爱抚的手，是越来越远了，但她所给予我的种种人生启示，竟然直到今天，仍然能从细小处，挖掘出珍贵的宝藏来……谁言寸草心，报得三春晖！

与你共品
yu ni gong pin

刘心武(1942~   )，当代著名作家，四川成都人。1950 年随父迁居北京，中学时爱好文学，1961 年毕业于北京师范大学专科学校中文系。1977 年发表的短篇小说《班主任》获首届全国优秀短篇小说首奖，后又发表许多作品。

这篇文章从理性的角度，叙述了自己的一段成长经历，赞扬母亲对孩子的精神哺育，从无微不至的关怀到放飞自己。语言质朴，意蕴深厚。

★文题中的"放飞"一词,原意是指什么?文题用的是比喻,意思是指什么?

★文中共写了母亲对儿子的三次放飞,这三次放飞分别指什么?

★母亲为什么强调吃好三顿饭而反对吃零食?"我"从母亲反对吃零食悟出什么道理?母亲反对孩子吃零食,为什么却舍得花钱为儿子订几十种报刊?

★"我"从母亲那封令他感到"刺心"的信里,悟出了怎样的道理?

卖米粉汤的女孩 / ···廖阅鹏

路过市场,一阵米粉汤的香味飘过鼻端,我可以嗅得出其中夹杂芹菜、葱头、胡椒、猪油的气味。饥饿的胃肠忍不住唱起歌来。我走进小吃店,向锅前挥舞铲勺的小姐说:"米粉汤一碗,油豆腐、肝连各一份。"

瘦削的小姐以僵硬的姿势转过身来,小小的眼睛看着我,紧抿的嘴唇嚅动了几下,没有发出声音。

我立刻明白了,她是一位轻度的智障者,刚才没听懂我点了哪些食物。

于是,我放慢了速度再说了一遍。

她点点头,慢慢转过身,开始捞米粉,摆芹菜……

我坐在那里默默地看着她,并猜测着她的年龄。20来岁吧,也许30岁。智障者的脸庞不容易看出年龄,也许时间观念对他们来说是个奢侈品。

一名妇人从店里走出来,亲切地对我说:"马上就好了。"

她走到女儿身旁看了一下,拍拍女儿的背,有种鼓励的意味,又走进去了。

我的思绪遨游到神经医学的天地。许多人类的潜能透过不正常的患者显现出广大的可能性,比方说有人对数字敏锐无比,仿佛数字会说话、会向他打招呼,是一个活生生的生命;有人喝酒后,嗅觉大放异彩,成为《香水》一书里的主角葛奴乙;有些自闭症患者在很小年纪就拥有绝对的音感与惊人的音乐记忆力,可以听完一首曲之后立即准确地复弹出来。

我吃完米粉汤、油豆腐、肝连后,觉得味道还不错,配料、酱油都按照应有的分量放。

我掏出钱来,递给她,心里替她高兴。

她能工作,能帮家人分担劳务,"我是有用的人"这种感觉就使她觉得生命更有意义。

她接过那张红色的百元钞票,慢慢放进口袋里,脸上没有表情,头以奇怪的姿势晃了一两下,眼珠子跟着闪动,仿佛脑中的计算机正在高速运转。

我算过,她应该找我 25 元。

她的手探入口袋,然后掏出一张红色的百元钞票,又掏出一张红色钞票,再掏出一张 50 元,然后郑重地把三张钞票共 250 元放在我手上。

我惊呼一声,她真是我所见过的最慷慨的人。

笑一笑,我把钱放回她手上,说:"找我 25 元就够了。"

她愣了一下,一时没有完全反应过来。

这时候,妇人快步走来,亲切地说:"不好意思。"然后柔声对女儿说:"给这位先生 25 元。"

她嗯了一声,没有任何羞赧的神情,掏出三个硬币给我——这次是正确的组合——然后转身走进屋里。

妇人又亲切地说:"不好意思,我女儿数学不好。"

我说:"哪里,她能做这么多事已经很棒了。"

女儿又现身了,她走到我旁边,把一个硕大的苹果塞在我手上,并且奉送上一个有点儿古怪但绝对真诚的笑容。

真是太慷慨了,这只日本进口的苹果,果皮是鲜艳诱人的胭脂红,显然价值不菲。

我对她说:"谢谢。"又对妇人说:"这苹果还你,我不能收。"

妇人说:"不可以的,你还给我的话,我女儿会痛苦一整天,所以一定要收。"

女儿猛力点头,仿佛妈妈正在叙述宇宙最高真理。

四

母爱的天空

我摇头，说："这苹果比我的消费价值还高两倍，我不能收。"

妇人说："就算帮忙吧，你收了，我女儿会很快乐。"

女儿又猛点头。

我走出小吃店手捧进口苹果，另外一只手提了五包米粉汤、五份油豆腐、三份肝连，带回去与同事分享。唯有这样，才能让她的女儿快乐加倍，也让我的良心过得去。

与你共品
yu ni gong pin

本文叙述了一个人间最真情的故事。母亲为了轻微智障的女儿能自食其力，不受社会歧视，让女儿帮忙卖米粉汤。女孩虽然有智障，但能分清善恶，待人真诚，这位善良母亲的举动，也感染着"我"做出善良之举，多买女孩的米粉汤。

个性独悟
ge xing du wu

★开头一段画线句运用了什么修辞手法？其作用是什么？

★为什么说"也许时间观念对他们来说是个奢侈品"？

★根据文章内容，用通俗说法解释"智障者"。

★从作者思绪的遨游中你能看出"卖米粉汤的女孩"是一个什么样的智障者？我为什么心里替她高兴？

 快乐阅读
kuai le yue du

母亲桥 / ···刘桂瑶

那年初春的一个早晨，当我起床时，已经来不及从从容容地走上大路上学，我气急败坏地抄近路赶往学校。河上的冰看上去还没融化，我三步并作两步冲上冰面。刚刚走到河中央，"扑哧"一声，一处冰面塌落了，我的两条腿踏进了冷彻骨髓的河水里。

教室供暖不足，平常就十分阴冷，我穿着湿透的棉裤坐在椅子上，全身仿佛都麻木了，我沉默地挺着，脸和唇都变成了青紫色。

中午回到家，母亲很惊讶，却什么也没问，只是让我围着被褥坐在烧得热热的炕头上暖和，她蹲在火炉前为我烘烤棉裤。炉火灼灼，不时爆出响声来，而母亲却始终一言不发。当母亲把烘干的棉裤交给我时，眼圈有些红肿，不知是被炉火烘的，还是刚刚哭过。

那以后，有一两个月我没抄近路去上学。日子一天天过去，高考迫在眉睫。有一夜下了暴雨，清早上学时盼望母亲能关照几句，诸如要走大路千万别抄近路蹚河之类，可母亲不停地忙前忙后，根本不理会跟随她转来围去的目光。于是我赌气地再一次来到那条河边。突然我发现有人早在暴涨的河水里放了一些大石头。那石头一块块紧密地挨着，水深的地方甚至是用好些石头垒起来的，石面高出水面数厘米，远远看去就像一座简陋的石桥。我踏石而过的时候，心里淌过一股莫名的感激。那天晚上回到家，我无意中看到母亲手上缠着白纱布，血透过来，红红的一片，惊问她为什么会受伤，母亲淡淡地回答道："不小心碰的。"站在一旁的妹妹抢着告诉我："妈妈的手是搬石头碰伤的。""妈搬石头干什么？"我不解地追问。"搬石头搭桥呀！"

那一瞬间，我的心轰响着，久久说不出一句话来。

那年9月，我踏过"母亲桥"去远方上大学。独在异乡漂泊，仍是母亲用无言的关注帮我度过每一次的疲惫和寂寞。渐渐地，我知道，母亲用青春搭起我的生命之桥，还执着地用希望和奉献为我搭起通向成功和幸福的桥。

如今，河上的"母亲桥"已经为风雨侵蚀残旧，而在我成长的心灵中"母亲

母爱的天空

桥"却永远踏不断。

与你共品
yu ni gong pin

　　"爱"作为一个永恒的主题,从她的内涵中,会演绎出无穷无尽的故事来。在诸多的"爱"中,有一种崇高而伟大的爱,这就是母爱。

　　母亲的爱是无尽的,母亲的爱也是无言的。《母亲桥》所表现的就是这样一个故事。

　　母亲桥,母亲为"我"搭起过河的石桥,为"我"搭起生命的桥,还为"我"搭起通向成功和幸福的桥。

　　作者讲述这样一个故事,就是要我们记住我们每一个人的母亲,记住用我们的爱来回报母亲的爱。

　　文章极少写人物的语言,全文仅一处对话场面,文章重在表现母子之间的心灵感应,通过行动和心理描写表现人物性格特征。

个性独悟
ge xing du wu

　　★全文中母亲只说了一句话,说这句话时母亲的神情是怎样的?

　　★作者没有过多的写母亲的语言,其目的是什么?

　　★"母亲桥"在文中的意思是什么?

　　★"河上的'母亲桥'已经为风雨侵蚀残旧,而在我成长的心灵中,'母亲桥'却永远踏不断。"怎么理解?

妈妈的背 / ···雨心吉多

人都是这样,当一件事深深地烙在脑海里的时候,他永远也不会忘记,不管时光如何飘忽飞逝。

那是我 12 岁的时候,家里很贫穷,常见父母亲忙忙碌碌地维持家计。

由于这种缘故,我也早早地懂得了帮妈妈做些事,诸如打猪草,掐棉花枝头、红薯秧子等等。

这年暑假正赶上我小学升初中。我除复习功课外,每天和妈妈一起下地干活。一天,我去打猪草。夏天的天气热,加上田地湿会沤坏鞋子,我就赤着脚在田里干。地里草很多,不一会儿就割了一大堆,心里正想着受妈妈表扬的滋味,突然,我觉得左脚面一凉,随即一颤,撇开割掉的草,才发现锋利的镰刀深深地刺进了左脚上方的血管里。取掉镰刀,血一下子涌了出来,我吓得大哭起来,挎着筐子,跳着去找妈妈。妈妈看见我整个被鲜血染红的脚面,满眼泪水夺眶而出,迅即从衣兜里摸出一片草纸,捂在我的伤口上,"刷"地把我扛在背上,飞快地向卫生所跑去。老医生一边包扎一边对妈妈说:"伤筋动骨一百天,这孩子起码要待上两个月,伤口才能长住呢!"

几天后,我正在养伤,乡重点中学的录取通知书送到了我家里,妈妈高兴得脸上溢满了笑容。又过了一个星期,学校开学了,可我只能坐在院子里望着老槐树发呆。这时,见妈妈从屋里走出来,穿了一身只有出门才穿的洗得发白的衣服,她走到我跟前,扯过书包,在我跟前蹲下来。

"雨心,走,娘背你上学去!"

就这样,每天往返 6 公里,我在妈妈的背上度过了两个月。妈妈每天干活已很辛苦,每次背我到学校,汗水都湿透了她的衣衫。我不知道该对妈妈说什么好。我只知道,妈妈的背好温暖、好宽阔、好有力。感受着妈妈的体温,我不止一次地遐想,妈妈的背,真像一只小船,将我载向了知识的岸边,成了连结我与知识的纽带。

妈妈的背,孕育了我纯洁的灵魂,滋生了我崇高的理想和信念。随着时间的推移,我渐渐明白,天下何止一个妈妈,又何止一个妈妈的背! 我们众多的儿女,不都是从妈妈的背上走下来的吗?

与你共品
yu ni gong pin

妈妈的背是柔弱的,又是温暖的,众多儿女伏在妈妈的背上都会觉得温暖、踏实。妈妈的背孕育了我们纯洁的灵魂,培养了我们高尚的情操。文中的妈妈用她的背抚育了"我",给予了"我"无穷的知识和力量。

个性独悟
ge xing du wu

★通读全文,体会文章为什么用《妈妈的背》作标题?

★文章倒数第二段中为什么说"妈妈的背,像一只小船,将我载向了知识的岸边,成了连结我与知识的纽带"?

★联系朱自清的《背影》,体会她何选取生活中的琐事,表现人物性格的写法。

快乐阅读
kuai le yue du

母亲的手 /····庄　因

　　在异乡做梦,几乎梦梦是真。去秋匆匆返台,回来后,景物在梦中便依稀了,故交、新友、亲戚们也相继渐隐,独留下母亲一人,硬大盘固,伟为泰山,将梦境充沛了。

　　那夜,我梦见母亲。母亲立于原野。背了落日、古道、竹里人家、炊烟、远山和大江,仰望与原野同样辽阔的天极。碧海青空中,有一只风筝如鲸,载浮载沉。母亲手中紧握住那线绕子,线绕子缠绕的是她白发丝丝啊。顷刻,大风起兮,炊烟散逝,落日没地,古道隐迹,远山坠入苍茫,而江声也淹过了母亲的话语⋯⋯母亲的形象渐退了;我的视线焦定在她那一双手,那一双巨手,竟盖住了我泪眼所能见的一切。那手,是我走入这世界之门;那十指,是不周之山顶处的烛火,使我的世界无需太阳的光与热。

　　母亲的手,在我有生第一次的强烈印象中,是对我施以惩罚的手。孩童挨大人骂挨大人揍是难免的,但我却怎么也想不起任何挨母亲打的片段来,连最通常的打手心打屁股都没有。虽如此,母亲的惩戒更甚于打,她有揪拧的独门绝招。我说绝招,是她揪拧同时进行——揪起而痛拧之。揪或拧,许是中国母亲对男孩子们惯用的戒法,除了后娘对"嫡出"的"小贱人"尚有"无可奉告"的狠毒家法外,大概一般慈母在望子成龙的心理压力驱使下,总会情急而出此的。

　　我的母亲也正如天底下数亿个母亲一样,对我是"爱之深,责之切"的。特别是小时候,国有难,民遭劫,背井离乡,使得母亲对她孩子们律之更严,爱之愈切,责之越苛。母亲之对我,虽未若岳母之对武穆,但是,在大敌当前的大动乱时代,大勇大义之前,使母亲与任何一位大后方逃难的中国母亲一样,对子女们的情与爱,可向上彰鉴千秋日月。在贵州安顺,有一年,家中来了远客,母亲多备了数样菜,这对孩子们来说,可是千载难逢"打牙祭"的大好机会了。我因贪嘴,较往常多盛了半碗饭,可是,扒了两口,却说什么也吃不下了。隔了桌子,我瑟缩地睇着母亲。她的脸色平静而肃然,朝我说:"吃完,不许剩下。"我摇头示意,母亲的脸色转成失望懊忿,但仍只淡淡地说:"那么就下去吧,把筷子和碗摆好。"在大人终席前,我不时偷望着母亲,她的脸色一直不展,也不言笑。到了夜里,客人辞去,母亲控制不了久压的情绪,一把拽我过去,没头脸地按我在床上,反了两臂,上下全身揪拧,而且不住说:"为什么明明吃不下了还盛?有得饱吃多么不易,你知道街上还有要饭的孩子吗?"揪拧止后,我看见母亲别过头去,坐在床沿气结饮泣。从此以后,我的饭碗内没有再剩过饭。

当然,母亲的手,在我的感情上自也有其熨帖细腻的一面。那时,一家大小六口的衣衫裤袜都由母亲来洗。一个大木盆,倒进一壶热水后,再放入大约三洗脸盆的冷水,一块洗衣板,一把皂角或一块重碱黄皂,衣衫便在她熟巧之十指下翻搓起来了。安顺当时尚无自来水,住家在院中有井的自可汲取来用,无井的便需买水。终日市上沿街都有担了两木桶水(水面覆以荷叶)的卖水的人。我们就属于要买水的异乡客。寒冻日子,母亲在檐下廊前洗衣,她总是涨红了脸,吃力而默默地一件件地洗。我常在有破洞的纸窗内窥望,每洗之前,母亲总将无名指上那枚结婚戒指小心取下。待把洗好的衣衫等穿上竹竿挂妥在廊下时,她的手指已泡冻得红肿了。待我们长大后,才知道母亲在婚后数年里,曾过着颇富裕的"少奶奶"生活的,大哥、我、三弟,每人都有奶娘带领。可是,母亲那双纤纤玉手,在"七七"炮火下接受了洗礼,历经风霜,竟脱胎换骨,变得厚实而刚强,足以应付任何苦难了。

也同样是那双结满厚硬的茧手,在微弱昏黄的油盏灯下,毫不放松地,督导着我们兄弟的课业。粗糙易破的草纸书,一本本,一页页,在她指间如日历般翻过去。我在小学三年级那年,终因功课太差而留级了。我记得把成绩单交给母亲时,没有勇气看她的脸,低下头看见母亲拿着那张"历史实录"的手,颤抖得比我自己的更厉害。可是,出乎意外地,那双手,却轻轻覆压在我头上,我听见母亲平和地说:"没关系,明年多用点儿功就好了。"我记不得究竟站了多久,但我永远记得那双手给我留下的深刻印象。

冬夜,炉火渐尽,屋内的空气更其萧寒,待我们上床入睡后,母亲坐在火旁,借着昏灯,开始为我们衣袜缝补。有时她用锥子锥穿厚厚的布鞋底,再将麻绳穿过针孔,一针一针地勒紧,那痛苦的承受,大概就是待新鞋制好,穿在我们脚上时,所换得的欣快的透支罢!

然则,就在那样的岁月中,母亲仍不乏经常兴致高涨的时候。每到此际,她会主动地取出自北平带来的那管玉屏箫和一支笛子,吹奏一曲,母亲常吹的曲子有"刺虎""林冲夜奔""游园惊梦"和"春江花月夜"。那双手,如此轻盈跳跃在每个音阶上,却又是那般秀美而富才情的了。

去夏返台时,注意到母亲的手上添了更多斑纹,也微有颤抖,那枚结婚戒指竟显得稍许松大了。有一天上午,家中只留下母亲和我,我去厨房沏了茶,倒一杯奉给她。当我把杯子放在她手中时,第一次那样贴近看清了那双手,我却不敢轻易去触抚。霎时间那双手变得硕大无比,大得使我为将于三日后离台远航八千里路云月找到了恒定的力量。

母亲的手,从未涂过蔻丹,也未加过任何化妆品的润饰。唯其如此,那是一双至大完美的手。

与你共品
yu ni gong pin

庄因,生于北京,求学于台湾,现在美国斯坦福大学任教。本文选自《港澳台散文选》,这是一篇歌颂母亲的文章,又不同于一般写母亲的文章,全文有一股淡淡的哀愁。作者将母爱通过手来表现,表现得非常贴切、自然,全无牵强附会。从不同的五个侧面,对"我"品德的教育、母亲的持家、母亲对"我"学习的约束、母亲的灯下锥鞋、母亲的吹奏等来表现母亲。从梦境入手,到奉茶结束,文章采用白描的手法,娓娓道来,既无浓墨重彩,也无大轰大嗡,于平淡中现真情。

个性独悟
ge xing du wu

★梦见母亲,作者选择"原野、落日、古道、竹里人家、炊烟、远山和大江"这些景物有何寓意?

★怎样理解"母亲手中紧握住那线绕子,线绕子缠绕的是她白发丝丝啊"这奇特的梦境?怎样理解母亲的手"是我走入这世界之门;那十指,是不周之山顶处的烛火,使我的世界无需太阳的光与热"?

★怎样理解"一本本,一页页,在她指间如日历般翻过去"?母亲的手为什么"颤抖得比我自己的更厉害"？

★母亲的双手竟能"如此轻盈跳跃在每个音阶上，却又是那般秀美而富才情的了"，前文对这一情节似有伏笔，请写出这段文字。

★文中两次提到戒指，一次是"总是将无名指上那枚结婚戒指小心取下"，另一次是"那枚结婚戒指竟显得稍许松大了"？这两次各说明了什么？

快乐阅读
kuai le yue du

未圆之梦 /···叶文玲

母亲去世周年时，正值我因写作《无梦谷》的最后篇章回了老家。去往墓地的路上，小弟说自己拂晓时做了个梦，梦见母亲对他诉说着件件未了心事。我听着，眼泪再次滴在心里。像小弟这样真切的梦，母亲为何没有让我也做一个？虽然明知这一切都是虚幻，我在这一刹那中，却宁愿自己唯心不唯物！

其实，我用不着嫉妒小弟，如开头所说，母亲不止一次出现在我的梦境。只不过没有那样真切的对话，没有那样舒心的笑容，而常常是一声盼望我长守身边而不能如愿的叹息。

这叹息常令我心酸愧悔。因为纵然调回南方，我依然无法侍奉在侧，我只能从母亲的这声叹息里品味她的孤独，一个双目失明的八旬老人的孤独；她最喜欢相处的儿女离她最远，她的一切为儿女着想的品性，又令她拒绝我可能为之的操劳；即便在我到楚门去埋头创作的日子里，为了不影响写作，我住在较为僻静的妹妹家。母亲拼命克制与我整日相对海阔天空地聊天的愿望，就像妹妹说的，"很乖"地守候一天，直到黄昏时分我来与她谈说一会。于是，母亲总又像个孩子一样，兴高采烈地等待这一刻：她老早地吃了饭，自己摸索着洗了手脸，洗了脚。坐在那把破得不知修补过多少回的藤椅中等待我的到来。我的脚步声一近大门边，她马上就能感觉出来。喊我的声音都因高兴而变了调，那本来黯淡无神的瞳孔,也会有许多光彩。这时候,母亲就一股劲地说自己是"看见"我进来而非"感觉"所致。因为在为她求医请药的过程中,我早已明白母亲的复明,纯粹是奢望。所以,母亲越是做出"看见"的样子,就越是令我心碎。

母亲总想把这种母女亲热的闲聊无休止地延长,因而当我告辞时总央求我再坐一会儿再坐一会儿。而当我不得不辞别,又去进行我的"夜猫子"劳作时,母亲又会克制自己的心绪,表现出极善解人意的体谅。

现在,就为这一点,我总也无法原谅自己:难道写作于我,就是这么重要吗?我为什么不在母亲生前,把时间尽可能地多为她腾出一点哪!

去往墓地的路上,我无法不忆起送葬的那天。那天,四百余乡亲集合来为母亲送葬,切切说明了她的人缘。从老宅门直往东门桥畔的长长队列,在细风细雨中伴母亲走向安眠的青山,令我们再次感涕不已。淳厚的乡亲以他们的纯朴方式表达了他们对一个聪慧善良经历坎坷的乡间绣花女、裁缝师的全部尊敬。几十年来,声名赫赫的逝者葬礼我见得多多,作为一个普通平凡的女人,我的母亲在人世的最后一程,走得十分辉煌。

就在送别母亲的最后一程,我再次忆起她生前最爱吟诵的两句小诗:"日日开门望青山,青山问我几时闲?"我和哥哥到现在也未查证出这两句意味如此隽永的小诗,到底是母亲早年阅读所记还是像她所画花鸟一样,自出心裁?细思母亲一生为人,我完全不惊异她有如此襟怀。胸怀宽厚、敬老以礼、爱幼以慈、待人以仁的母亲,常常助人以义使邻里受惠;为门前修路而慷慨解囊,母亲是左邻右舍第一个,那时,她还是用的一针一线缝纫得来的血汗钱;为怕路人摔跤,而特在巷口装盏长明灯的,也是母亲;正是如此,母亲才会在那年来杭州就医时,不以自身痛苦为念,却殷殷关怀同室的一个贫病女孩,将自己身边的一笔钱,悉数捐赠……

了解了母亲一生的心路轨迹,才理解母亲何以能挑起生活最沉重的担子,理解了母亲为何能那样平静地对待人生的必然归宿,发出"青山问我几时闲"的感喟。劳作了一生的母亲,当自感不能再劳作时,她就宁可不劳烦别人,宁可悄悄与青山绿水长相随!

母亲去世之前,恰临最后一个母亲节。她曾对妹妹有过预示式的叮咛和表白:"我的一世有苦也有甜。老了失明虽有种种不如意,总还算是儿孙成群的有福之人。你们兄弟姐妹个个都有出息,我也没了心事。我现在的愿望就是要走就快快地走,不给儿女添一点麻烦。这样,我就最最幸福了……"奉献一生,临终犹是。母亲辞世的情景,恰恰应合了她的"不给儿女添一点儿麻烦"的愿望。

于是，当远程奔丧的我们，为未能见上她最后一面而悲痛难抑时，我们怎能不向母亲的在天之灵跪叩！也许，我的母亲果然有福，冥冥天意竟真的顺合了人意！

去往墓地的路上，我把有关母亲的一切再次回想，包括那些最为我铭记的实物和最感我心怀的细节：<u>母亲捡尽旧毛线为我织的那件花样别致的毛背心</u>；<u>母亲挂了一辈子却极少有工夫照的那面脚架歪斜的椭圆镜</u>；<u>母亲梳得梳齿又弯又稀却一直不舍扔掉的那支蓝色塑料梳</u>；<u>母亲登香山用过的那支手杖</u>；<u>母亲成衣千万却不曾为自己好好做一身衣衫的那把裁缝剪</u>；母亲床头小柜上永远搁着的可以存放我们都爱嗑的瓜子的那只锈迹斑斑的饼干筒；母亲最早陪嫁来的那对两尺见方前开门的"可以给你当书箱、专门存你写的书"的硬木箱……

母亲，母亲的心无所不包，但是，她却没能尝享她最应得到的——她最盼望于心的：早早晚晚听我一声呼唤，亲眼看看我写的那些作品，却再也不能，再也不能！

我对母亲未了的心愿是这样多，正是憋着这股心劲，我才以母亲为原型，写出了《无梦谷》中的母亲，我把所有的悲痛，都蓄成了心头的泪滴，蘸着这些泪水，我才写完了平生所有的未圆之梦。

我没有在书上明示，但如果能补上一句，我愿千次万次地说：此书献给我的母亲！

与你共品

这是一篇写给母亲的周年祭文，文章感情真挚，心酸愧悔之情泻满全篇，本文的母亲，天下所有仙逝的母亲九泉有知应该足矣。文章结构于"往墓地的路上"，走在路上是一段空白，这段"空白"回忆与母亲的万千往事，这种构思是很精巧的。母亲值得回忆的事很多，本文以母亲晚年相依相恋女儿的情节重点展开，在这之中又穿插记叙了母亲品质方面的事情，穿插有序浑然一体。

个性独悟
ge xing du wu

★为什么说"眼泪再次滴在心里",而不是说"眼泪滴在脸上"?
"我"为什么祈求像小弟这样真切的梦我也做一个?

★"从母亲的叹息里品味她的孤独",紧接着又写一句"一个双目失明的八旬老人的孤独",这后一句有什么作用?

★怎样理解"我们怎能不向母亲的在天之灵跪叩"? 第十段中画线的句子表现了母亲怎样的品质?

★这是一篇追忆母亲的文章,文题"未圆之梦"寓意何在?

快乐阅读
kuai le yue du

永恒的母亲/···三 毛

我的母亲,在19岁高中毕业那年,经过相亲,认识了我的父亲。母亲20岁的时候,她放弃进入大学的机会,下嫁父亲,成为一个妇人。

童年时代,很少看见有过什么表情,她的脸色一向安详,在那安详的背后,总使人感受到那一份巨大的茫然。

等我上了大学的时候,对于母亲的存在以及价值,才知道再做一次评价。记得放学回家来,看见总是在厨房里的母亲,突然脱口问道:"妈妈,你读过尼采没有?"母亲说没有。又问:"那叔本华、康德和沙特呢?还有……这些哲人难道你都不晓得？"母亲还是说不晓得。我呆望着她转身而去的身影，一时感慨不已，觉得母亲居然是这么一个没有学问的人。我有些发怒，向她喊："那你去读呀！"这句喊叫，被母亲丢向油锅内的炒菜声挡掉了，我回到房间去读书，却听见母亲在叫："吃饭了！今天都是你喜欢的菜。"

以前，母亲除了东南亚之外，没有去过其他的国家。八年前，当父亲和母亲排除万难，飞去欧洲探望外孙和我时，是我的不孝，给了母亲一场心碎的旅行。外孙的意外死亡，使得父亲、母亲一夜之间白了头发。更有讽刺意味的是，母女分别了十三年的那个中秋节，我们却正在埋葬一个亲爱的家人。这万万不是存心伤害父母的行为，却使我今生今世一想起那父母亲的头发，就要泪湿满襟。

母亲的腿上，好似绑着一条无形的带子，那一条带子的长度，只够她在厨房和家中走来走去。大门虽没有上锁，她心里的爱，却使她甘心情愿把自己锁了一辈子。

我一直怀疑，母亲总认为她爱父亲的深度胜于父亲爱她的程度。

还是九年前吧，小兄的终身大事终于在一场喜宴里完成了。那一天，当全场安静下来的时候，父亲开始致词。父亲要说什么话，母亲事先并不知道，他娓娓动听地说了一番话。最后，他话锋一转道："我同时要深深感谢我的妻子，如果不是她，我不能得到这四个诚诚恳恳、正正当当的孩子，如果不是她，我不能拥有一个美满的家庭……"当父亲说到这里时，母亲的眼泪夺眶而出，她站在众人面前，任凭泪水奔流。我相信，母亲一生的辛劳和付出，终于在父亲对她的肯定里，得到了全部的回收和喜极而泣的感触。

这几天，每当我匆匆忙忙由外面赶回家去晚餐时，总是呆望着母亲那拿了一辈子锅铲的手发呆。就是这双手，把我们这个家管了起来。就是那条腰围，没有缺过我们一顿饭菜。就是这一个看上去年华渐逝的妇人，将她的一生一世，毫无怨言，更不求任何回报地交给了父亲和我们这些孩子。

回想到一生对于母亲的愧疚和爱，回想到当年读大学时看不起母亲不懂哲学书籍的罪过，我恨不能就此在她的面前，向她请求宽恕。今生唯一的孝顺，好似只有在努力加餐这件事上来讨得母亲的快乐。

想对母亲说：真正了解人生的人，是她；真正走过来那么长路的人，是她；真正经历过那么多沧桑的，也全然用行为解释了爱的人，也是她。在人生的旅途上，母亲所赋予生命的深度和广度，没有哪本哲学书籍能够比她更周全。

母亲啊母亲，在你女儿的心里，你是源，是爱，是永恒。

你也是我们终生追求的道路、真理和生命。

幸福的第六根手指

与你共品
yu ni gong pin

　　本文作者三毛,当代著名女作家,原名陈平。其作品被译成十五国语言,畅销世界各地。本文以真挚的思想感情、流畅的语句,回忆了自己的母亲,表达了对母亲深深的歉疚、不尽的爱。同时,也是对全世界优秀母亲的赞扬。

个性独悟
ge xing du wu

　　★第三自然段中写"我"向母亲大喊:"那你去读呀!"这句话表现了"我"对母亲怎样的一种态度?后来,"我"又是如何对待这种做法的?第五段中,"母亲的腿上,好似绑着一条无形的带子……"一句中"带子"如何理解?第七段在小兄的婚礼上,母亲听到父亲感谢自己的话时,她心理和神态有什么反映?(用原文的话回答)第八段中,这几天"我"为什么总是望着母亲的手发呆?

　　★"今生唯一的孝顺",主要体现在什么事上?

　　★从全文看,"我"一生中对母亲的愧疚主要体现在哪两件事情上?

　　★本文主要运用了怎样的表达方式?

母亲的唠叨 / ··· 佚 名

母亲的唠叨是出了名的。

母亲曾自诩，她是一个很好的饲养员，她的责任就是把一家人喂得饱饱的，尽可能地吃好。于是，母亲的话大多与吃有关。每天买菜前，母亲总要征求大家的意见：是吃鱼还是吃肉；是要黄瓜还是要番茄；好多时候不吃含碘的东西了，要不要买些海带……菜买回来了，母亲紧接着又是一番询问："鱼是要红烧还是清蒸？黄瓜要清炒还是凉拌？……"一天如此自感母亲的体贴入微，然而，一年三百六十五天天天如此，多少也有些烦了。尤其是有时我一个人在家，母亲会一天从单位里打来四五个电话，一会儿催我吃西瓜，一会儿又要我午睡片刻，惹得我对着电话不得不说："妈，你少唠叨几句行不行？"

母亲的唠叨不仅涉及吃的方面，在学习、生活上也同样频繁。记得有一次，我考试考得不好，母亲自然有话说："我看你这段日子就是不刻苦，花多少力气就有多少成绩……"母亲从我学习上的松松垮垮一直说到平时不做家务，按她的话说："一切都是相通的，归根到底，你就一个'懒'字。"母亲自是为我好，想敲醒我，然而，听多了，尤其是在气头上，我觉得好烦。我必须到外地去，不仅是为了学会独立地生活、做人，而且，还包括躲避母亲的唠叨。

于是，有一天，我对母亲说："妈，我想考到北京去。"

"什么？"她似乎没听清。

"我要考到北京去。"我又重复了一遍。

"北京？非去不可吗？"母亲抬高了声音。

"这倒不是。"我开始寻找理由，"北京的气氛好，文化底气足。"

母亲沉默了。半晌，她似乎想通了："好吧，你要去就去，我跟你一块儿去。我在那儿租间房子，打打工，烧饭给你吃，帮你洗洗衣服，还可以在北京玩玩……"母亲又开始唠叨了，而我忽然有种想落泪的感觉。一直都觉得母亲烦，嫌她唠叨，可是母亲的唠叨早已成为我生命中的一部分。从小到大，就是在这唠叨中，我开始牙牙学语，开始蹒跚走路，开始慢慢地长大。

幸福的第六根手指

今后,或许我还会嫌母亲烦,还会到北京去,但是,我想我永远都无法躲避母亲的唠叨,因为,它在我心中,在我生命里,像一张网永远地包围着我,很沉,很累,然而,又令人眷恋。

与你共品
yu ni gong pin

　　文题"母亲的唠叨"平凡但意味深长。文章通过"唠叨"反映母亲对家人生活的关心,对"我"学习、成长的关爱,刻画了一个勤劳、善良的母亲,以及"我"对母亲的深深眷恋。

个性独悟
ge xing du wu

★第一段在全文中的作用是什么?
★在第二段画出具体写母亲对我们"体贴入微"的句子。
★文章最后一段运用了什么表达方式?
★你的母亲是否也爱"唠叨"呢?你是怎样看待母亲的唠叨的呢?

快乐阅读
kuai le yue du

生日卡片 / ···席慕蓉

　　刚进入台北师范艺术科的那一年,我好想家,好想妈妈。
　　虽然,母亲平日并不太和我说话,也不会对我有些什么特别亲密的动作,虽然,我一直认为她并不怎么喜欢我,平日也常会故意惹她生气;可是,一个14岁的初次离家的孩子,晚早躲在宿舍被窝里流泪的时候,呼唤的仍然是自己的母亲。

所以,那年秋天,母亲过生日的时候,我特别花了很多心思做了一张卡片送给她。在卡片上,我写了很多,也画了很多,我说母亲是伞,是豆荚,我们是伞下的孩子,是荚里的豆子;我说我怎么想她,怎么爱她,怎么需要她。

卡片送发出去了以后,自己也忘了,每次回家仍然会觉得母亲偏心,仍然会和她顶嘴,惹她生气。

好多年过去了,等到自己有了孩子以后,才算真正明白了母亲的心,才开始由衷地对母亲恭敬起来。

十几年来,父亲一直在国外教书,只有放暑假时偶尔回来一两次,母亲就在家里等着妹妹和弟弟读完大学。那一年,终于,连弟弟也当完兵又出国读书去了,母亲才决定到德国去探望父亲并且停留下来。出国以前,她交给我一个黑色的小手提箱,告诉我,里面装的是整个家族的重要文件,要我妥善保存。

黑色的手提箱就一直放在我的阁楼上,从来都没想去碰过,一直到一天,为了找一份旧的户籍资料,我才把它打开。

我的天! 真的是整个家族的资料都在里面了。有外祖父早年那些会议的照片和札记,有祖父母的手迹,他们当年用过的哈达,父亲的演讲记录,父母初婚时的合照,朋友们送的字画,所有的纸张都已经泛黄了,却还保留着一层庄严和湿润的光泽。

然后,我就看到我那大卡片了,用红色的圆珠笔写的笨拙的字体,还有那些拼拼凑凑的幼稚的画面,一张用普通图画纸折成四折的粗糙不堪的卡片,却被我母亲仔细地收藏起来了,收在她最珍贵的箱子里,和所有庄严的文件摆在一起,收了那么多年!

卡片上写着的是我早已忘记了的甜言蜜语,可是,就算是这样的甜言蜜语也不是常有的。忽然发现,这么多年来,我好像只画过这样一张卡片。长大了以后,常常只会选一张现成的印刷好了的甚至带点香味的卡片,在异国的街角,匆匆忙忙地签一个名字,匆匆忙忙地寄出,有时候,在母亲收到的时候,她的生日都已经过了好几天了。

所以,这也许是母亲要好好地收起这张粗糙的生日卡片的最大理由了吧。因为,这么多年来,我也只给了她这一张而已。这么多年来,我只会不断地向她要求更多的爱,更多的关怀,不断地向她要求更多的证据,希望从这些证据里,能够证明她是爱我的。

而我呢?我不过只是在 14 岁那一年,给了她一张甜蜜的卡片而已。

她却因此而相信了我,并且把它细心地收藏起来,因为,也许这是她从我这里能得到的唯一的证据了。

在那一刹那里,我才发现,原来,原来世间所有的母亲都是这样容易受骗和容易满足的啊!

与你共品
yu ni gong pin

席慕蓉(1943~　　),女诗人、散文家、画家。著有诗集《七里香》《无怨的青春》《时光九篇》,散文集《成长的痕迹》《写给幸福》等。本文是一篇反映亲情的文章,俗话说"不养儿不知父母心",作者也是在为人父母后才体会到母亲的心,原来当年的一张卡片在母亲的心中占有那么重的分量。

个性独悟
ge xing du wu

★为什么作者说"原来世间所有的母亲都是这样容易受骗和容易满足的啊"?在"……所有的纸都已经泛黄了,却还保有着一层庄严和湿润的光泽"一句中加点的词有什么含义?

★作者曾寄给母亲许多贺卡,为什么母亲偏偏保存这一张,"并将它和家族的重要文件放在一起"?

★文中最后一段写自己流泪,其原因是什么?

★为什么作者一直认为母亲不喜欢自己?

快乐阅读
kuai le yue du

母　亲 / · · · 徐懋庸

　　母亲去世,已满一个月了。近日想起,悲哀已像一块冷却的铁,虽然还压在心头,但失去灼痛的热度了。因此,能够沉重地但冷静地想想她的命运。

　　我能够说的,只有母亲的痛苦。

　　生在贫家,嫁在贫家,物质生活的辛苦,是不必说了。精神上,从也被贫困刺激得性情粗暴的丈夫那里是得不到安慰的。至于儿女,夭亡的夭亡了,离散的离散了。在十二三年的战争期间,千难万难地养大了一个孙女,是她膝下唯一承欢的人。但是,新中国成立以后,先是我派了人要从她身边把她的孙女带走;这没有成,她却反而突然被死神带走了……

　　新中国成立以后,她的桑榆暮景,本来也不算坏。知道我没有在战争中死掉,还给她添了一大群的孙儿,这"福气",就不小;我寄的钱,也够她和我的父亲温饱地度日;经过改革的社会,对她也尊重起来了……还有什么不满足的呢?然而,她是不满足的,非常痛苦的,她是在痛苦中死去的。

　　她晚年的痛苦,是我所给她的。

　　我是她唯一可以指靠的儿子。指靠也算指靠到了,我供给了她的生活费用。但她所指望的,只是这么?她还有别的要求的。但是我,新中国成立以后,一次也没有回去过;孙儿一大群,对她也不过是想象中的存在。"福气"不小,可是虚的。二十多年不见,她该有多少话想同我说说啊,但是,一直没有得到机会……

　　我要把她们接出来,她不愿意,说是过不来异乡的生活。她也知道同我们没有多的话可讲,而在家乡,可以同别的老太太们念念八仙佛(八个人一桌共同念佛),讲讲家常,热闹些。她叫我回去看看,我总是说,要去的,但终于没有去。我为什么不回去,原因很多,对她,却总是说工作忙。在她,以为我在欺骗,是不会的。但她总觉得莫名其妙。对我这个儿子,她养到我十二三岁以后,就开始莫名其妙了,一直到最后还是莫名其妙。这情形,在做母亲的,是一件无比痛苦的事;所以,她在瞑目以前的一年中,已经神经错乱了。

　　母亲赋予我生命。但这个生命,是在穷困的家庭和黑暗的社会中长大起来的,它像一株野生植物,营养的不足,使它畸形地发展,它没有色和香与周围的百卉竞艳, 它只长出刺来保护自己——往往在它自身和它所植根的土地受到侵犯的时候,它的刺就紧张起来了。

因此,我在十二三岁的时候,就形成了一种怪僻的性格,这性格使得我连对于父母,也很少说话。父亲对这,是一味地责骂,母亲却只是用了茫然的眼光看我。她看我总是在读书,正正经经地用着功,以为我一定有道理,而这些道理是她所不能懂的。所以,在大大小小的事情上,她对我绝不表示意见,只以整个母亲的心,不得要领地探测着,无能为力地卫护着我!

1937 年,抗日统一战线实现了。因为叔叔去世,我带了妻和儿女回家去。看到了媳妇和儿孙,母亲是幸福极了,天天用我带去的钱请我们吃好的,我再三叫她省俭些,总不听。有一天,邻人对我说,母亲去向人家借钱。我问她,她说:

"有这回事的。你带来的钱用完了,我就暂时借着。你不用管。你走了以后,照样寄钱来,我苦一些,就还清了。你们在家里,总要吃得好一些的。"在这事情上,她固执得很!

当我要回上海的时候,有一晚,母亲以十几年来从未有过的命令口气对我说:

"你,你也对媳妇去说,你们把晔子给我留在身边。我要她,我会养得她好好的……"她流下了眼泪。

我们遵了命,走了。这成了永别的开端,对于母亲,也对于我们的女儿。

我同母亲的关系,就是这样的。

现在想来,其他的一切,是还有可说的,而我在新中国成立以后的不去看看母亲,实在是罪无可赦的事。我倘若回去一次,让她看看我和她的孙儿们,让她同我说说她在战争时期的她的苦难生活,让她听听我在战争时期的新奇经历,那在她,该是一种莫大的幸福,而她的晚年,就会过得很愉快。在这世界上,我,到底是她最亲切的人啊!寄给她钱让她吃饱,这算什么呢?她是吃惯了苦的。能够见到我的面,能够在精神上占有我——至少一部分,在她,这才是幸福的真谛。但是我,剥夺了她的全部幸福!

在她看来,她这亲生亲养的儿子,她用了整个的心爱了一生的儿子,到底只变成了每月若干元的人民币,这是多么伤心的事啊!

然而,她到死也不忍责备我一句。也许,她的母爱的盲目性,使她真的相信我并没有什么过错吧。通过新中国成立后的许多事实,她知道共产党是干什么的,而她的儿子也是共产党,这一点,也应该是她谅解我的理由。但她对我究竟是莫名其妙的,因之可以想象,她内心的矛盾,该是多么深刻,这是最痛苦,最痛苦的!

我的母亲的一生,就是这样含辛茹苦的一生!

我的不回家去,是有许多正当的理由可以解释的,但是,母亲已经死了,这些理由,没有机会讲了,就是讲,也讲不清楚;她会相信,但她不会理解。她是一个最普通的村妇!

我这些抱憾无穷的思想,是直到母亲死后才明确起来的。过去,从未细想过,只以为母亲还能活好多年,总有一天可以回去看看,不在乎迟早;这事对她的意义之重大,也未曾揣摩过。现在想明白了,但是已经无可奈何了!

就算我是全心全意在为人民服务吧,但对于人民——而且是最痛苦的劳动人民之一的母亲,给了我生命和全心的爱的母亲,却是这样的漠不关心;在我是轻而易举而在她却是最大的幸福的会面,也不让她如愿。

不受诅咒但我自己是应该检讨的!

只有一件事,我总算遂了她的心愿。前几年,她来信说要预造"寿坟"和"寿材",征求我的意见。我稍稍考虑了一下,就同意了。我知道,这一件事再不让她满足,她就会死不瞑目了。

人的一生,只在这一件事上得到满足,是极可悲的了,但在我的母亲,这却算是生活在最后实现了它的意义。

这事,在我,是要从另一方面进行检讨的:迁就迷信——但我管不得许多了!

与你共品

《母亲》发表于 1957 年。这是一篇有别其他写父亲、母亲的文章,他是作者在渐失丧母灼痛,但日益沉重、冷静地想母亲的命运,可以说是身为儿子的自责书,是忏悔录。作者以母亲痛苦的命运说开去,并贯穿于始终。在那个时代,一个女人的命运年轻时依靠于丈夫,年长后依赖于儿女。本文以母亲年轻时的情形展开,主要写晚年孤独中的痛苦,寂寞中的痛苦,而当母亲在孤独、寂寞的痛苦中离去后,作为儿子没能满足母亲常看到儿孙，常与儿子说说话的最平常的要求而抱憾终生，引用白居易"此恨绵绵无绝期"的诗句并不为过。儿子在悔恨中怀念母亲，儿子在怀念母亲中无法原谅自己。所以歌曲《常回家看看》表达了勤劳一生、勤俭一生的老爸老妈们望儿归的强烈要求，也督促孩子们不要给自己留下无尽的遗憾。文章写于近半个世纪前，但人们的这种情感没有变化。本文语言质朴，没有华章丽句，却深深地感染着人，警示着人。

个性独悟
ge xing du wu

　　★全文的主要线索是什么？按照作者"已满一个月"的说法，母亲刚刚去世时作者是怎样的悲哀呢？（根据文意来回答）

　　★怎样理解第十二自然段中"母亲以十几年来从未有过的命令口气对我说"？母亲为什么说完"流下了眼泪"？这种感觉用李商隐的哪句诗表现比较恰当？

　　★作者说"我的母亲的一生，就是这样含辛茹苦的一生"，概括全文说一说母亲的一生是怎样"含辛茹苦"的？

　　★作者 1938 年一别母亲，十九年而未见，只有残月月月相见，作者在抱憾无穷中明白了哪些？文中写"寿坟"和"寿材"之事的目的是什么？本文抒发的情感与朱德在《回忆我的母亲》所抒发的情感有哪些不同？

快乐阅读
kuai le yue du

母爱是船也是岸 / ··· 韩静霆

　　那年 5 月,我回到阔别多年的故乡,叩响了家门。隔门听到老人鞋子在地上拖沓的沉缓的声音,半晌才是苍老的问话。"谁呀?""我。"

　　终于还是迟疑着。母亲,母亲,您辨不出您的儿子的声音啦?您猜不出是您放飞二十三载的鸟儿归巢吗?

　　门,吱吱地欠开一条窄缝儿。哦,母亲! 母亲的眼睛!

　　那双眼睛,迟滞地抬起来。老人的两眼因为灶火熏,做活计熬,又经常哭泣,还倒睫,干涩涩的。下眼睑垂着很大的泪囊。那眼睛打量着穿军装的儿子,疑惑,判断,凝固着。真是不认识啦。

　　"妈妈!"我唤一声"妈妈",母亲眼里的光立即颤抖起来,嘴唇抖动着细小的皱纹,她问自己:是谁? 是静霆啊? 眼里便全是泪了。

　　母爱就是这样,她是人间最无私的、最自私的、最崇高的、最褊狭的;最真挚最热烈最柔情最慈祥最长久的。母亲无私地把生命的一半奉献给儿子,自私地渴望用情爱的红绳把儿子系在身边,母亲崇高地含辛茹苦教养儿女,褊狭到夸大儿女的微小的长处,甚至护短。她的爱一直会延展到她离开人世,一直化成儿女骨中的钙,血中的盐,汗中的碱。母亲定定地望着我。我在这一刹那间忽然想到了在张家口,在坝上,在长江流域,在鲁东,都看到过的"望儿山",大概全世界无论哪儿都有"望儿山",都有天天盼望游子远归的母亲变成化石。

　　母亲还在呆呆地望着我。那双朦胧的泪眼啊!

　　蓦然想到了一周后如何离开,儿子到底是有些自私。我害怕到时候必得说一个"走"字,碎了母亲的心。记得十年前我匆匆而归,匆匆而去。临走的那个拂晓,我在梦中惊醒,听见灶间有抽泣的声音。披衣起身,见老母亲一边佝偻着往灶里添火,一边垂泪。

"妈,才 4 点钟,还早啊,你怎么就忙着做饭?"

"你爱吃葱花儿饼,你爱吃。"

如果儿子爱吃猴头熊掌,母亲也会踏破深山去寻的啊!回到家的日子,母亲一会儿用大襟兜来青杏,一会儿去买爆米花,她还把 40 岁的军人当成孩子。我受不住那青杏,受不住那爆米花,更受不住母亲用泪和面的葱花饼,受不住离别的时刻。

母亲原来是个性情刚烈、脾气火暴的人。她 14 岁被卖做童养媳。生我的那年,父亲被诬坐监。母亲领着父亲前妻遗下的一男一女,忍痛把我用芦席一卷,丢弃在荒郊雪地里,多亏邻居大娘把我拾回,劝说母亲抚养。为了这个,我偷偷恨过母亲。孩提时遇有人逗我说:喂,你是哪儿来的? 树上掉下来的吧? 我就恶狠狠地说:我是乱葬岗捡来的,她是后妈! 理解自己的母亲也需要时空的长度,理解偏偏需要离别。印象里母亲似不大在意我的远行。我 19 岁那年离家远行,到北京读书。大学毕业正逢十年浩劫,被遣到农场劳动。那个风悲日曛的年月,我做牛拉犁,做马拉车,人不人鬼不鬼。清理阶级队伍的时候,人人自危。我足足有三个月没给家写信。母亲来信了,歪歪斜斜的别字错字涂在纸上。

"静霆,是不是你犯错误了? 是不是你当了反革命啊? 你要是当了反革命,就回家吧。什么也不让你干,我养活你……"我的泪扑簌簌落在信纸上。

母亲,母亲,您的怀抱是儿子最后的也是最可靠的窠! 你的双眸永远是我生命之船停泊的港湾! 记得后来我回了一次家,您说:"人老啦,才知道舍不得儿子远走。"说着声泪俱下。

可是你总是得走。你总得离开母亲膝下。你是个军人。可是你到底还是不敢看母亲佝偻的背和含泪的眼。你没有看母亲的泪眼,可是你的心上永远有她老人家的目光。

那时候我懂得了:母亲的目光是可以珍藏的。儿子可以一直把母亲的目光带到远方。

我搀着母亲走进了昏暗的小屋。屋子里有一种说不出的气味使我感到亲切,感到自己变小了,又变成了孩子。年逾古稀的父亲呆呆地拥被坐着,无言无泪,无喜无悲。父亲患脑血栓,瘫痪失语了。我看见母亲用小勺给父亲喂水喂饭;看见她用矮小笨拙的身体,背负着父亲去解手;看见她把父亲的卧室收拾干净。母亲就这样默默地背负着家庭,背负着生活的重担,极少在信里告诉我家庭负担的沉重。

我心里内疚。不孝顺,你这个不孝顺的儿子!

可是你还是得走。

转眼便是离家的日子!我不知怎么对母亲说离去这层意思,只是磨蹭着收拾行装。我能感觉到母亲的目光贴在我的脊背上。离别大约是人类最痛苦的时刻了。记得,上次我探家回归的时候,吉普车一动,我万万没想到年迈的母亲竟然顺着门外的土坡,跟跟跄跄跑起来,追汽车,她喊道:

"你的腿有毛病!冷天可要多穿点啊!"

后来,母亲寄给我二十几双毛毡与大绒的鞋垫,真不知母亲那双昏花的眼睛怎能看见那样小那样密的针脚。

后来,母亲又寄给我一条驼绒棉裤,膝与臀处,都缀着兔皮。她哪里知道,北京的三九天也用不着穿这驼绒与兔皮的棉裤。它实在是太热了,只好搁在箱底。为了让妈妈的眼睛里有一丝欣慰,少几分担忧,我在回信中撒谎说——那条棉裤舒适至极,我穿着,整个冬天总是穿着。

谎言能报答母亲吗?可是天底下哪个儿女不对母亲说谎?

我对母亲撒谎说:我不久就会回来。我撒谎:您的儿媳妇和孙子都会来。我说也许中秋也许元旦也许春节一定会来……母亲默默地听着,一声不响。她的眼神却回答我:儿子,我—不—相—信!

我以为,最难的离别,当是游子同白发母亲的告别。见一回少一回啦,不是吗?临走那天,我实在不敢再看一眼母亲的白发和泪眼。我安排了许多同学和亲友来安抚母亲。有人说,车来了,我便逃之夭夭,匆匆忙忙跑出门,匆匆忙忙钻进吉普车。在车门关上的一瞬间,我,一个40岁的军人,竟呜呜地哭出了声。我忙把带泪的目光向车窗外伸展,可是——母亲没有出门来送她的儿子。她没有用眼泪来送行。

我不难想象老母亲此时此刻的心境。儿子从她身边离开了,她经不起这痛苦;一个军人告别家乡回军营去了,她必须承受这痛苦。哦,母亲,我知道,我还在您的眼睛里,您那盈满泪水的眼睛,永远是儿子泊船的港湾。可是您这个做军人的儿子,他那爱的小船,却必须远航到遥远的彼岸。

必须远航。是的,必须。

幸福的第六根手指

与你共品
yu ni gong pin

　　韩静霆,著名军旅作家。这是一篇写母爱使人难以卒读的上乘之作。母亲佝偻的背,含泪的眼,苍老的声音,拖沓的脚步是本文最撼动人心之处,久久不能忘怀之处。文章以回故乡见母亲,别故乡离母亲,中间穿插上次回故乡及往事来结束全文,以母子依依的深情结构全文。作者对母爱的表述可以说是对母亲最精彩最经典的概括与提炼,拂晓灶间佝偻身影添火是母爱最撼动儿女铁石心肠的画面。母亲仅是一个成年了的儿子生活中的一部分,而儿子却是一个母亲特别是年老母亲的生命的全部。

个性独悟
ge xing du wu

　　★初见母亲,哪些文字表现母亲的"苍老"? 怎样解释母爱是"人间最无私的、最自私的、最崇高的、最褊狭的"这段看似矛盾的话?

　　★"你爱吃葱花儿饼,你爱吃"句中后一个"你爱吃"如果删掉,会不会影响感情的表达? 怎样解释"理解自己的母亲也需要时空的长度,理解偏偏需要离别"?

　　★"我"上次走时,母亲"竟然顺着门外的土坡,踉踉跄跄跑起来,追汽车",这次"母亲没有出门来送他儿子",怎样解释这截然不同的表现?

　　★文中多次写母亲流泪的眼睛,作者为什么要选取母亲的泪眼? 结合最后两个自然段,说一说文题"母爱是船也是岸"的内涵?

作文链接
zuo wen lian jie

红雨伞 / ··· 陈婧旋

　　"扬起生命之舟的风帆,撑开那把生命的红雨伞,躲在母亲用爱织成的荫蔽里⋯⋯""母亲",连婴儿都知道的名称,可是,谁又能体会出它的真正含义呢?

　　6岁那年我过生日时,母亲送给我一把血色的红雨伞,我看后摇了摇头:"一点儿也不好看,太刺眼了!"母亲并没有说什么,只是勉强笑了笑。当初我并不明白母亲在想些什么,只是觉得很失望,于是,我便把红雨伞甩到一边去了。

　　温暖的春天,万物复苏,而调皮的春雨,却在不知不觉之中淋湿了衣衫。多么美丽的早晨,春雨奏响了迎接春姑娘的进行曲。我准备好了一切,背起书包,出了门。"等等⋯⋯"屋里传来了母亲的声音。我转过身去,见母亲冲了出来:"孩子,我送你!""不,不用,我都这么大了,不用送了!"我执意不让母亲送。"唉,别说了!现在下雨了,反正我今天没事儿!"还没等我回答,就已经被母亲拉进了伞下。

　　母亲高举着红雨伞,我站在伞下,一言不发地走着⋯⋯

　　眨眼的工夫,来到了学校门口,母亲将红雨伞塞到我手中,就在雨中离去了。我望着母亲的背影,站了好久。

　　一个个天气多变的日子,母亲依旧每天这样送我,这似乎已成为一种惯例,并没有特殊的意义,我早已习以为常。

　　又是一个美丽的早晨,同样下着蒙蒙细雨,我与母亲因为一件小事吵了一架。我冲出了门,母亲拿着那把伞出来送我。然而,倔强的我并不理会母亲,只管一个劲儿地往前跑。而母亲居然也跟着我跑,生怕我被淋病了。

我思索着:学校与家之间的路,怎会如此漫长?

和母亲分别时,我突然发现了母亲两鬓的几丝白发,它一下子融化了我心中的硬壳。啊!我回过神来:母亲居然没拿伞就这样走了,浑身都湿透了!再抬头望望这把红雨伞,我发现从雨伞上滴下来的雨珠,都带有一丝血色。

其实,伞的颜色并不那么刺眼,而是很温柔!

后来,经过一次完全独立的艰苦生活——军训后,我才真正体会到:我不能没有母亲——这把我生命中的红雨伞!

"扬起生命之舟的风帆,撑开那把生命的红雨伞,躲在母亲用爱织成的荫蔽里……"

【简评】jian ping

以红雨伞为线索,也是全部故事的背景。在这把血色的红雨伞下,叛逆而执拗的"我"与体贴入微的母亲历经数次心灵的交锋——自以为已经长大的"我"试图逃离母亲的羽翼,冲出红雨伞的荫蔽,是"母亲两鬓的几丝白发","一下子融化了我心中的硬壳",亲情的暖流使凝结在母女间的坚冰彻底消融。本文巧妙的表现手法和流畅的语言把母女之间的浓浓亲情表达得淋漓尽致。

我的父亲/ ··· 朱 悦

在我的眼中。父亲从来都是位和蔼可亲的人,别说打骂我,就连生气也很少有。然而那次,他却动手打了我,而我却也因此感到了他对我的深沉的爱……

那是不久前的一个星期天,我独自在家做老师布置的作业——糊风筝。我精心地制作着,一直忙到爸爸回家才完工。我高兴地把风筝举到爸爸面前,得意扬扬地说道:"爸爸,你看我糊的风筝怎么样?""不错,不错!"爸爸看了,一边和蔼地笑着,一边夸奖我。我更是美得"上了天",举着风筝在屋里"轻歌曼舞"起来。

吃过丰盛的晚饭,爸爸却一反平时的稳重,不时地紧锁双眉来回翻找着他那几个堆满了图纸的抽屉。妈妈见了关切地问:"找什么呀?""唉,一张图纸,明天会上要用呢!"爸爸头也不回,一边找,一边回答。于是我们便全家出动都忙着找起来。"才怪,我明明就放在桌子上的呀,怎么会没了呢?"啊!桌子上?我的脑子"嗡"的一下,心想:坏了!我做风筝的纸不就是从桌上拿的吗?而且那背面似乎还有些图形呢!会不会就是……大家又找了一会儿仍没找到,我才吞吞吐吐地说:"爸,我那张糊风筝的纸,会不会是……"我还没说完,爸爸的一双大手已经一把抓过了我的风筝。"啊!是这张!就是这张!你……"我当时也吓傻了,不知怎么办才好。"咳,咳"两声,还没等我反应过来,我那做了一下午的风筝就被"扯裂"在爸爸的那双大手里。当时,我真恨那双大手,不顾一切地喊叫起来:"你,那是我的风筝!你赔我的风筝……"话音未落,"啪"的一声,脸上火辣辣地痛——一个大大的手印印在了我的脸上。我呆住了,随即便用吃奶的劲,失声痛哭起来,心里只是想:"他打人,他不是个好爸爸……"

也不知哭了多久,我睡着了。在朦胧中我似乎总是听到一阵阵轻微的响声,一直响到了深夜。

第二天起来,爸爸已经走了,我只在桌子上发现了一张字条:

悦悦:

对不起,昨天不该打你,可你实在不应该拿爸爸的图纸。那是十几位叔叔阿姨研究的成果呀!这次,要不是有草图,后果可真是不堪设想。你的风筝我重新做了一个,挂在阳台上了……

爱你的爸爸

看到这儿,我的眼泪又一次夺眶而出。我仿佛看到了父亲那日夜操劳的身影,看到了他为了补画图纸而忙到深夜,看到了他深夜灯下糊风筝的那双大手……啊!这才是父亲对女儿最为真切、最为深沉的爱。

阳台上,风筝在随着风而飘动,风中有女儿的眼泪在飞舞。

【简评】
jian ping

　　作者以发生在父女之间的一件小事为线索，表现出了父亲对女儿的爱的过程。随着"我"的感情的起伏，充分流露出"我"对父亲的感情及女儿对父亲的理解，使主题得以升华。本文把厚重的父爱和"我"内心的感情变化，表达得情真意切、细腻传神。

读懂父亲／···金　露

　　熟睡的那个男人是我的父亲。

　　我坐在他的床边写作业。

　　恍惚间，我不经意地瞟了他一眼，不经意间风霜已经在他的脸上写满了忧愁，年迈悄悄爬上了他的额头，灰尘掩盖了他的豪情。

　　那一夜，我失眠了。

　　我的心揪着，掀起了一阵疼痛，内疚在心头滋生。

　　这就是十四年来为我遮风挡雨的父亲啊！

　　在我的记忆中存储着有关父亲的点点滴滴，有欢乐，有激动，有失望，有不解，还有气鼓鼓的大眼睛……

　　父亲原来是很疼我的，这我知道，但后来他渐渐变得越来越严肃，特别是对我的要求越来越高。吃饭若不好好儿吃，嘿，一双大眼睛便能瞪得你连一口口水都咽不下去……

　　随着年龄的增长，我似乎感觉到有一层细细薄薄的纱隔在了我们之间，好遥远好朦胧……

一阵鼾声传了过来，父亲累了，"咳咳"，我咳嗽了两声，糟糕，又感冒了，我急忙爬起来，在抽屉里找药。突然，一个红色的本子出现在我眼前，出于少年的好奇心，我偷偷把它带到了房间，躲在被窝中翻看了起来，扉页上写着："中国共产主义青年团·大冶有色金属公司第六次代表大会纪念"，下面是父亲的署名。又翻了一页，一排排熟悉的汉字出现在我眼前，上面用正楷字写着"生活日记"。

——这是父亲的日记?!

我忍不住小心翼翼地读了起来。

"我们的生活向美好、幸福、充满花香和温情的方向发展。生活的逐步安定，使这只疲惫的小舟得以收帆小憩，然而浩瀚的大海奔腾不息，这叶小憩的小舟重新投入大海的怀抱，接受海的洗礼。"

"人们都说海水又苦又涩又咸，还时常伴有使人猝不及防的风浪。生活正如这海水一般，就看你从哪个角度去领受了。"

"1988 年农历六月十二日，是我家大喜的日子，我家增加了一个非常可爱的小宝宝。她出生时嘹亮的哭声久久地回响在妇产科的长廊里，她将会给我们的生活增添蓬勃的生机……"

"小乐(我的小名)周岁生日快到了，我应该为她庆祝……"

我内疚、惭愧，这么多年来对父亲的不友善和针锋相对都应该是我反省的根源，我的泪——悄无声息地浸湿了父亲的字……

"咳咳"，我又咳了两声。

忽然，一阵沉重急切的声音传来："小乐，吃感冒药了吗？"父亲佝偻着背，手中拿着一盒感冒药……

现在，我明白了。今生，我不再有遗憾了。

——因为，我读懂了父亲。

幸福的第六根手指

【简 评】
lian   ping

　　"唯有真情好作文",作者以朴实但饱含真情的笔触将父亲对"我"的爱加以展现,感情真挚而细腻。尤其是对"父亲"日记的摘录,文字虽简短,却如一座架设在父女心扉上的桥梁,使"我"读懂了深深的父爱,也打动了读者的心灵。读罢此文,也许你会热泪盈眶。